UDO WOLTER

Das Prinzip der Naturalrestitution in § 249 BGB

Schriften zur Rechtsgeschichte

Heft 36

Das Prinzip der Naturalrestitution in § 249 BGB

Herkunft, historische Entwicklung und Bedeutung

Von

Privatdozent Dr. Udo Wolter

DUNCKER & HUMBLOT / BERLIN

CIP-Kurztitelaufnahme der Deutschen Bibliothek

Wolter, Udo:
Das Prinzip der Naturalrestitution in § 249 BGB:
Herkunft, histor. Entwicklung u. Bedeutung /
von Udo Wolter. — Berlin: Duncker u. Humblot, 1985.
  (Schriften zur Rechtsgeschichte; H. 36)
  ISBN 3-428-05882-8

NE: GT

Alle Rechte vorbehalten
© 1985 Duncker & Humblot GmbH, Berlin 41
Satz: Klaus-Dieter Voigt, Berlin 61 · Druck: Bruno Luck, Berlin 65
Printed in Germany
ISBN 3-428-05882-8

Meinem Lehrer
Professor Dr. Peter Landau
zum 50. Geburtstag

Vorwort

Diese Untersuchung stellt eine Ausarbeitung des Vortrags dar, den ich auf dem 25. Deutschen Rechtshistorikertag am 25.9.1984 in Graz halten durfte. Das Thema war damals aus zeitlichen Gründen notwendigerweise eingegrenzt: „Von der Regula iuris ‚peccatum non dimittitur, nisi restituatur ablatum' zur zivilrechtlichen Naturalrestitution." Die jetzige Arbeit erweitert die Perspektive zu einer ganzheitlichen Betrachtung der Herkunft und Entwicklungsgeschichte sowie der historischen und gegenwärtigen Bedeutung des Naturalherstellungsprinzips, das in § 249 BGB verankert ist.

Wie in meinen anderen historischen Forschungen, insbesondere meinen größeren Untersuchungen (Ius canonicum in iure civili, 1975; Mietrechtlicher Bestandsschutz, 1984) strebe ich auch hier zwei Ziele an. Zum einen geht es mir um die Herausarbeitung dauerhafter Strukturen im Rahmen einer gegenwartsbezogenen Rechtsgeschichte. Zum anderen versuche ich, dem kirchlichen Recht die Anerkennung zuteil werden zu lassen, die ihm als gleichwertiger Teil der allgemeinen Rechtsgeschichte zukommen sollte. Auf diese Weise möchte ich einen kleinen Beitrag zur Überwindung der Dreiteilung der Rechtsgeschichte in römische, deutsche und kirchliche Rechtsgeschichte leisten. Diese Zielsetzung entspricht den Bestrebungen, die in dem von L. L. Vallauri und G. Dilcher herausgegebenen Sammelwerk „Christentum, Säkularisation und modernes Recht", 1981, zum Ausdruck kommen; ich glaube jedoch, daß man den Blick durchaus auch auf die Zeit vor der Wende zur Moderne richten sollte.

Dem Duncker & Humblot-Verlag danke ich herzlich für die Aufnahme in die Reihe „Schriften zur Rechtsgeschichte".

Heidelberg / Augsburg im Frühjahr 1985

Udo Wolter

Inhaltsverzeichnis

I. Einleitung: § 219 des 1. Entwurfs eines BGB von 1888 und die Kritik von *Degenkolb* 15

II. Die Entwicklung der Restitutionslehre bis zur Hochscholastik 21

    1. Restituere im römischen Recht 21

    2. Der Inhalt der theologischen Restitutionslehre 21

    3. Die Restitutionslehre in der systematischen Theologie und der Beichtlehre bis *Thomas von Aquin* 22

III. Die Vollendung der Restitutionslehre durch *Thomas von Aquin*: Wesensschau, Verrechtlichung und Systematisierung 26

    1. Die Restitution als Akt der ausgleichenden Gerechtigkeit 27

    2. Art und Umfang der Restitution 28

    3. Das System der Restitution 29

IV. Die Restitutionslehre im Rechtsbereich vom Dekret *Gratians* (1140) bis zum Liber Sextus (1298) 30

    1. Decretum Gratiani (1140): C. 14 q. 6 c. 1 30

    2. Liber Extra (1234) 31

    3. Die Bedeutung der Restitutionslehre für die rescriptio-Lehre .. 33

V. Die gesetzliche Anerkennung der Restitutionslehre durch den Liber Sextus (1298), Regula iuris IV „peccatum non dimittitur, nisi restituatur ablatum" 36

    1. Die Bedeutung des Liber Sextus 36

    2. Die Regulae iuris des Liber Sextus 36

        a) Der Verfasser der Rechtsregeln 37

        b) Herkunft und Zahlensymbolik der Rechtsregeln des Liber Sextus 37

    c) Die Bedeutung der Regulae iuris nach den Lehrmeinungen der Juristen des 12. und 13. Jahrhunderts 38

    d) Dinus und die Glosse, vor allem im Hinblick auf die Regula IV 39

VI. Die weitere Entwicklung der Restitutionslehre vom 14. bis zum 18. Jahrhundert in Kanonistik und Theologie 44

  1. Die rechtswissenschaftliche Erörterung im Zusammenhang mit der Darstellung der Regulae iuris 44

    a) Die Bedeutung der Rechtsregeln in der wissenschaftlichen Literatur und in der Praxis 44

    b) Die Restitutionslehre im Zusammenhang mit der Regula IV   50

  2. Die theologische Behandlung der Restitutionslehre 52

    a) Die Beichtjurisprudenz 53

    b) Die Moraltheologie, insbesondere die spanische Spätscholastik   56

VII. Naturrecht und Usus modernus 60

  1. Naturrecht 60

  2. Wissenschaft und Praxis des Usus modernus 65

    a) Schadensersatz nach der Lex Aquilia 66

    b) Die restitutio laesae famae 70

VIII. Das 19. Jahrhundert 75

IX. Schlußbetrachtung: Die historische und heutige Bedeutung des Naturalherstellungsprinzips 80

Abkürzungsverzeichnis

ABGB	Österreichisches Allgemeines Bürgerliches Gesetzbuch von 1811
Abt.	Abteilung
AcP	Archiv für civilistische Praxis
ALR	Preußisches Allgemeines Landrecht von 1794
a., art., Art.	Artikel
Bem.	Bemerkung(en)
c., cap.	Capitulum
col.	Kolumne
dec., Dec.	Decisio
Diss.	Dissertatio(n)
dist., Dist.	Distinctio
dub., Dub.	Dubitatio
Ed.	Editio
FamRZ	Zeitschrift für das gesamte Familienrecht
fol., Fol.	Folio
Fn.	Fußnote
gl., Gl.	Glosse
Hrsg.	Herausgeber
Jh. Jb.	Jherings Jahrbücher für Dogmatik des bürgerlichen Rechts
Kap.	Kapitel
Komm.	Kommentar
lib., Lib.	Liber
l. Sp.	linke Spalte
m. w. N.	mit weiteren Nachweisen
n., N., nr., Nr.	(Fuß-)Nummer
q., qu., Qu.	Quaestio
reg., Reg.	Regula
re. Sp.	rechte Spalte
Rz.	Randziffer
SavZRG	Zeitschrift der Savigny-Stiftung für Rechtsgeschichte
Germ.	Germanistische Abteilung
Rom.	Romanistische Abteilung
Kan.	Kanonistische Abteilung

sect., Sect.	Sectio
Sp.	Spalte (Kolumne)
tom., Tom.	Tomus
tract., Tract.	Tractatus
u. a.	und andere, unter anderem
VersR	Zeitschrift Versicherungsrecht
z. B.	zum Beispiel

Zitierweise für das Corpus iuris canonici

Gratian (1140)	Für den 1. Teil nach Distinctio: D. und Capitulum: c.; für den 2. Teil nach Causa: C., Quaestio: q. und Capitulum: c.
Liber Extra (1234)	X, nach Liber, Titulum und Capitulum in numerischer Zahlenfolge
Liber Sextus (1298)	VI, wie bei X.
Extravagentes communes	Extravag. com., wie bei X.

Zitierweise für das Corpus iuris civilis

Institutionen	Inst.
Digesten	Dig.
Codex	Cod.

nach Liber, Titulus, Lex, Principium (pr.) bzw. Paragraph — jeweils in numerischer Reihenfolge.

I. Graphische Übersicht über die Entwicklung des Naturalrestitutionsprinzips

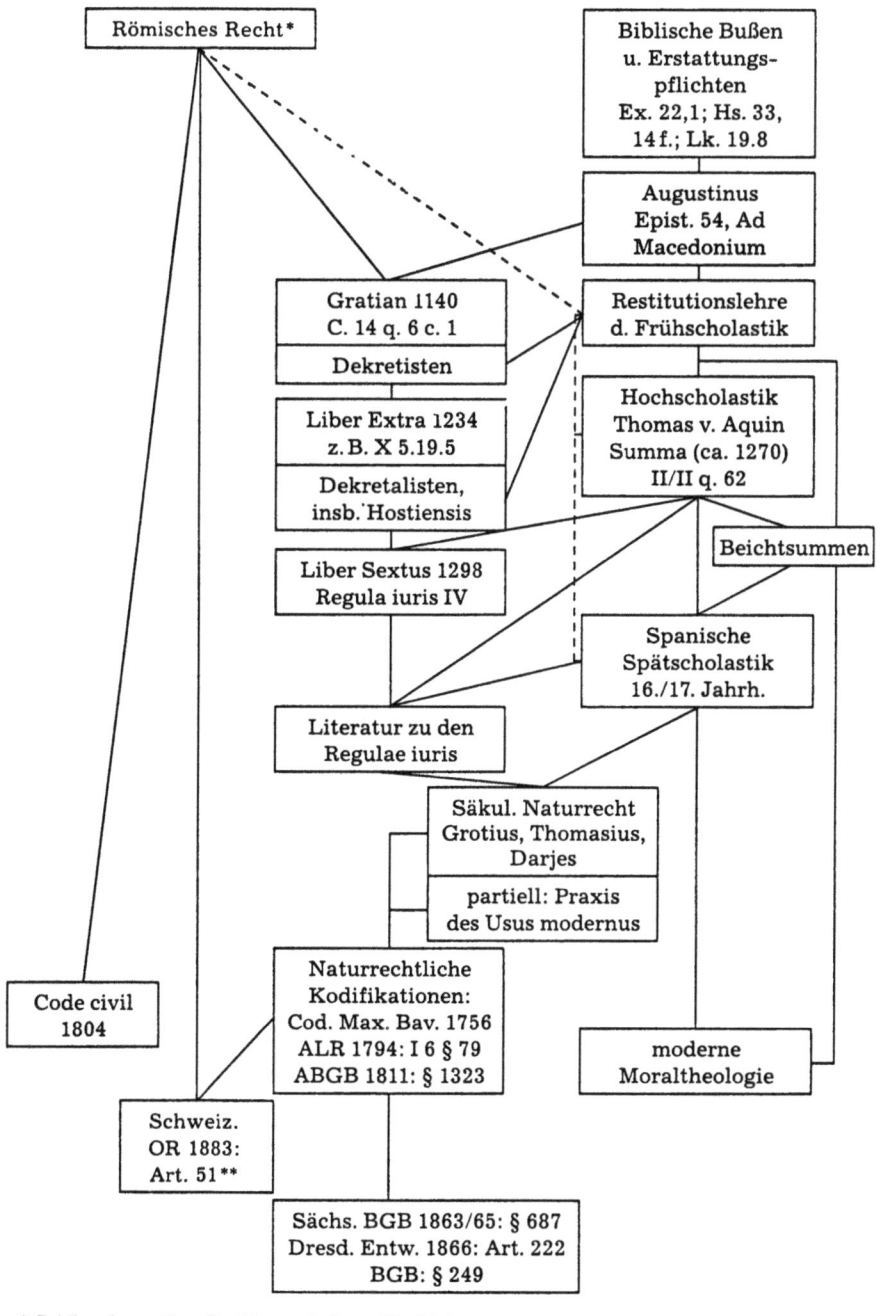

* Geldkondemnation, Restituere als Prozeßinstitut
** ferner OR 1911: Art. 43

II. Anschlag in einer spanischen Klosterbibliothek

Freie Übersetzung:

Exkommuniziert werden — vorbehaltlich Seiner Heiligkeit — alle Personen,

die irgendein Buch, Pergament oder Papier (aus) dieser Bibliothek wegnehmen, unterschlagen oder auf eine andere Weise entäußern;

Absolution können sie erst erhalten, wenn dieses (Entwendete) vollständig wieder eingefügt ist.

III. Zum Vergleich:

Regula IV des Liber Sextus (1298)

„Peccatum non dimittitur, nisi restituatur ablatum".

I. Einleitung:
§ 219 des 1. Entwurfs eines BGB von 1888 und die Kritik von Degenkolb

Im (1.) Entwurf eines Bürgerlichen Gesetzbuchs für das Deutsche Reich von 1888 lautet § 219, die zentrale schadensrechtliche Norm, wie folgt:

> Der Schuldner hat den Schadensersatz dadurch zu leisten, daß er denjenigen Zustand herstellt, welcher vorhanden sein würde, wenn der zum Schadensersatze verpflichtende Umstand nicht eingetreten wäre, und daß er, soweit diese Herstellung nicht möglich oder zur Entschädigung des Gläubigers nicht genügend ist, den Gläubiger in Geld entschädigt.

Die Regelung entspricht, wenn auch nicht in allen Einzelheiten, so doch in ihren Grundzügen der heute geltenden Vorschrift des § 249 BGB[1].

In den *Motiven*[2] wird der Vorschlag mit folgenden Argumenten begründet: Zum einen lägen der Regelung des § 219 die gleichen Prin-

---

[1] Zur Entstehungsgeschichte des § 249 s. *H. H. Jakobs / W. Schubert*, Die Beratung des Bürgerlichen Gesetzbuchs, Bd. 2: Recht der Schuldverhältnisse I, 1978, S. 80 ff.

[2] II S. 19 f. Wörtlich heißt es:

„Auf diesem Prinzipe beruhen wesentlich auch die entsprechenden Bestimmungen der modernen Gesetzgebung; desgleichen ist für das gemeine Recht anerkannt, daß der Anspruch auf Leistung des Interesses den Anspruch auf Wiederherstellung des früheren Zustandes in sich schließt.

Das die Verpflichtung zur Naturalrestitution in erster Linie in sich schließende Prinzip der Wiederherstellungspflicht hat die Natur der Sache für sich und entspricht der Rechtslogik. Eine dasselbe verleugnende allgemeine Regel wäre ungerecht bald gegen den Gläubiger, bald gegen den Schuldner. Das gegen das Prinzip allenfalls geltend zu machende Bedenken, daß, weil die Wiederherstellungspflicht ein den Schuldner zu einer Handlung verpflichtendes Schuldverhältnis ergebe, der Gläubiger in eine schlimme Lage gerathen könne in den zahlreichen Fällen, in welchen die Möglichkeit der Wiederherstellung des früheren Zustandes zweifelhaft sei oder wenn der Schuldner sich renitent erweise, verliert angesichts der Vorschrift des § 243 (heute: § 283 BGB, U. W.) in wichtigen und zahlreichen Fällen an Bedeutung, indem hierdurch dem Beschädigten die Möglichkeit eröffnet ist, gerade den erwähnten Schwierigkeiten auf sicherem Wege zu begegnen. Die Ausführung des Prinzipes der Verpflichtung zur Naturalrestitution für die einzelnen denkbaren Fälle ist überflüssig und wäre nicht unbedenklich. Selbstverständlich kommt diese Verpflichtung überall da in Wegfall, wo die Wiederherstellung des früheren Zustandes nach dem Gesetze nicht zulässig oder ausgeschlossen ist ...

Vermöge des Grundsatzes, wonach der Schadensersatz durch Herstellung desjenigen Zustandes zu leisten ist, welcher ohne den zum Ersatze verpflichtenden Umstand vorhanden sein würde, kann z. B. auch der durch Drohung

zipien zugrunde, auf denen auch die entsprechenden Bestimmungen der modernen Gesetzgebung beruhten. Zum anderen sei das gleiche für das gemeine Recht anerkannt, daß (nämlich) der Anspruch auf Leistung des Interesses den Anspruch auf Wiederherstellung des früheren Zustandes in sich schließe. Und drittens wird erklärt, daß das die Verpflichtung zur Naturalrestitution in erster Linie in sich schließende Prinzip der Wiederherstellungspflicht die Natur der Sache für sich habe und der Rechtslogik entspreche.

§ 219 hat damals eine recht unterschiedliche Würdigung erhalten. Während von einer Seite die Aufnahme der Bestimmung wegen ihrer angeblichen Selbstverständlichkeit beanstandet worden ist[3], hat sie von anderer Seite fundamentale Kritik erfahren. So war es vor allem *Heinrich Degenkolb*, zu dieser Zeit Professor in Tübingen[4], der beachtliche Bedenken erhob[5].

Er bekämpft zunächst das Argument, das Naturalherstellungsprinzip sei im *gemeinen* und damit im *römischen Recht* als maßgebliches Prinzip des Schadensrechts verankert. Ganz im Gegenteil sei die Leistung des id quod interest und mit ihm der römische Schadensersatz der Geldersatz[6]. Daran ändere auch nichts die Tatsache, daß die Arbiträr-

---

oder Betrug (§ 103) Beschädigte geeignetenfalls statt der dinglich wirkenden Anfechtung (§§ 112 ff.) den im Schadensersatzanspruche liegenden obligatorischen Restitutionsanspruch wählen, was für ihn im Hinblick auf die für die Anfechtung gesetzte kurze Präklusivfrist und die längere Verjährungsfrist für den Schadensersatzanspruch (§§ 104, 719) von Interesse sein kann.

Der Grundsatz des § 219 greift im Uebrigen Platz, nicht blos, wenn der zu leistende Schadensersatz sich auf (nicht vertretbare oder vertretbare) Sachen (§§ 778 ff.) bezieht, sondern in Ansehung aller restituirbaren Gegenstände eines Schuldverhältnisses. Es folgt ferner daraus, daß auch die dem Gläubiger entzogenen oder vorenthaltenen Zubehörungen zu restituiren sind.

Das Prinzip der Wiederherstellungs- bzw. Ausgleichungspflicht verlangt zu seiner Verwirklichung unter anderem auch, daß, soweit Naturalrestitution in Frage steht, diese am richtigen Orte geleistet und bei der Ausgleichung in Geld insbesondere die für die Berechnung des Interesse des Gläubigers (Beschädigten) maßgebende Zeit berücksichtigt wird (vergl. §§ 229, 230, 240 Abs. 2, § 377 Abs. 2, § 715)."

[3] Vgl. *Ludwig Goldschmidt*, Kritische Erörterungen zum Entwurf eines BGB, Heft 1: Die formalen Mängel, 1889, S. 87.

[4] Zu ihm s. *Stintzing / Landsberg*, Geschichte der deutschen Rechtswissenschaft, III 2 Text S. 852, 954, Noten S. 398.

[5] In: AcP Bd. 76 (1890), S. 1 ff., hier zitiert nach dem 1889 erschienenen Sonderdruck: Der spezifische Inhalt des Schadensersatzes. Vgl. auch die späteren kritischen Äußerungen von A. v. *Tuhr*, Naturalherstellung und Geldersatz, Jh. Jb. Bd. 46 (1904), S. 39 ff.

[6] a.a.O., S. 10 ff. Der ziemlich pauschale Hinweis auf „das" gemeine Recht in den Motiven entstammt offensichtlich der Vorlage des Redaktors für das Schuldrecht *Franz von Kübel*, der in dem Teilentwurf über unerlaubte Handlungen in § 15 die Naturalrestitution vorgeschlagen und dazu ausgeführt hat: „Diese Naturalrestitution und Wiederherstellung ist bei jeder widerrechtlichen Beschädigung das nächstliegende Mittel bei der Ausgleichung des erlittenen Schadens, wie es denn auch dem gemeinen Rechte entspricht, daß zu-

I. Einleitung: Die Kritik Degenkolbs

klagen auf naturale Restitution gerichtet seien[7]. Zwar könne der Beklagte seine Verurteilung durch bestimmte Naturalleistungen abwenden; es finde aber keine Realexekution statt, vielmehr bleibe es im Falle der Nicht-Restitution bei einer in Geld ausgedrückten Interesse-Berechnung[8]. Besonders heftig wendet sich *Degenkolb* gegen *Windscheid*[9], den die Motive zitieren, und gegen *Dernburg*[10], der dem letzteren folgt. Zu Unrecht würden sich diese auf einen Text des *Ulpian*[11] berufen, nach welchem dem locator im Falle der Eviktion des Hauses ermöglicht wird, die Pflicht zum Schadensersatz durch Gestellung einer Ersatzwohnung abzuwenden[12]; hierbei handele es sich lediglich um eine Billigkeitserwägung im Interesse des Vermieters zur Abschneidung der Leistung des id quod interest[13].

Nach dieser — insgesamt zweifellos zutreffenden — Widerlegung des einen Teils der Begründung der Motive beschäftigt sich *Degenkolb* mit dem anderen Argument, die vorrangige Geltung der Naturalherstellung entspreche der *modernen Gesetzgebung*[14]. Auch hier scheint ihm — mit Recht — Skepsis angebracht. Er weist auf das französische Recht hin, nach welchem jeder Schadensersatzanspruch auf eine Geldleistung gehe[15]. Das gelte auch für das englische Recht, auch wenn dort mit dem im equity-law entwickelten Rechtsinstitut der specific performance in zunehmendem Maße die naturale Erfüllung erzwungen werden könne[16].

---

nächst Leistung der entzogenen Sache, und nur wenn diese nicht möglich, Verwandlung dieser in eine Geldleistung eintritt", und dabei für das gemeine Recht lediglich auf *Windscheid* verweist; s. *Werner Schubert* (Hrsg.), Die Vorlagen der Redaktoren für die erste Kommission zur Ausarbeitung des Entwurfs eines BGB, Bd. II/1: Recht der Schuldverhältnisse, Teil 1 (Allg. Teil), Verf.: F. Ph. v. Kübel, Berlin / New York 1980, S. 720 f. — Zum römischen Schadensrecht s. *M. Kaser*, Römisches Privatrecht, 13. Aufl. 1983, § 35, S. 163 ff.; *Jörs / Kunkel / Wenger*, Römisches Recht, 3. Aufl. 1949, Röm. Privatrecht, § 106, 2 a.

[7] Zu den actiones arbitriae mit dem Formelzusatz „neque ea res restituetur" s. *D. Medicus*, Id quod interest, 1962, S. 245 ff.; *M. Kaser*, Das römische Zivilprozeßrecht, 1966, § 48, S. 256 ff.

[8] Im Corpus iuris civilis wird die Realvollstreckung zwar nicht bei Ansprüchen auf praestare (habere licere, tradere) und facere, wohl aber auf dare (und restituere) anerkannt (vgl. Ulpian Dig. 6.1.68), jedoch nicht auf den Schadensersatz angewandt, vgl. *H. Dilcher*, Sav ZRG Rom. Bd. 78 (1961), S. 277 ff.; *H. J. Wieling*, Interesse und Privatstrafe, 1970, S. 150 f.

[9] Lehrbuch des Pandektenrechts II, 6. Aufl. 1887, § 257 n. 6.

[10] Pandekten II, 2. Aufl. 1888, § 44 n. 5.

[11] Dig. 19.2.9. pr.

[12] Vgl. dazu *T. Mayer-Maly*, Locatio conductio, 1956, S. 168; *Medicus*, a.a.O. (Fn. 7), S. 100, 133.

[13] a.a.O. (Fn. 5), S. 11 f.

[14] a.a.O. (Fn. 5), S. 43 ff.

[15] Vgl. auch *Wieling*, a.a.O. (Fn. 8), S. 154 - 156, m. w. N.

[16] Zum englischen Recht s. die großangelegte Gesamtdarstellung von *Hans Stoll*, International Encyclopedia of Comparative Law XI (Torts) 8 (1972): Consequences of Liability. Remedies. Speziell zur Schadensregulierung bei Verkehrsunfällen in England: *Kämmer*, VersR 1965, S. 1020 ff. (Personen-

Besonders wichtig ist ihm das 1883 in Kraft getretene schweizerische Obligationenrecht. Dieses überläßt es dem richterlichen Ermessen, in welcher Art Schadensersatz zu leisten ist — eine Regelung, die auch heute noch maßgeblich ist[17].

Muß also insoweit der Hinweis der Motive auf „die" moderne Gesetzgebung als viel zu pauschal bezeichnet werden, läßt sich jedoch andererseits nicht bestreiten — und *Degenkolb* tut das auch nicht —, daß vor allem zwei bedeutende moderne Kodifikationen das Naturalherstellungsprinzip anerkennen, nämlich das preußische Allgemeine Landrecht von 1794 und das österreichische ABGB von 1811. So heißt es in ALR I 6 § 79:

> Wenn ein Schaden geschehen ist, so muß alles so viel als möglich wieder in den Zustand versetzt werden, welcher vor der Anrichtung des Schadens vorhanden war[18].

Und § 1323 ABGB lautet in dem hier interessierenden Teil:

> Um den Ersatz eines verursachten Schadens zu leisten, muß alles in den vorigen Stand zurück versetzt, oder, wenn dies nicht tunlich ist, der Schätzungswerth vergütet werden[19].

Über 50 Jahre zuvor hatte *Wiguläus Xaverius Aloysius v. Kreittmayr* im Codex Maximilianeus Bavaricus civilis von 1756 bereits in ähnlicher Weise den Schadensersatz in natura festgelegt, denn in dem Kapitel „Von Verbrechen, und der daraus entspringenden Verbindlichkeit überhaupt (Obligationes ex Delicto)" wird bestimmt:

> Wer ein Verbrechen begehet, der verbindet sich dadurch stillschweigend, und ipso Facto nicht nur gegen die Obrigkeit, sondern auch gegen den beschädigten Theil zur gebührenden Satisfaction, woraus mithin eine doppelte Action, nämlich poenalis et persecutoria entspringt: jene zielt hauptsächlich auf die Strafe des Delinquenten; diese hingegen auf die Restitution dessen, was er durch das Verbrechen an sich gebracht hat, oder sofern er

---

schäden); 1966, S. 223 ff. (Sachschäden); 1975, S. 1086 ff. (neuere Entscheidungen).

[17] Art. 51 Abs. 1 des Obligationenrechts von 1881/83: „Art und Größe des Schadensersatzes wird durch richterliches Ermessen bestimmt in Würdigung sowohl der Umstände, als der Größe der Verschuldung." Vgl. dazu *A. Schneider / H. Fick*, Das Schweizerische Obligationenrecht, 2. Aufl. 1896, Bd. 1, Komm. zu Art. 51. Art. 43 Abs. 1 des heute geltenden Obligationenrechts von 1911 ist inhaltlich gleich. Vgl. dazu *Guhl / Merz / Kummer*, Das Schweizerische Obligationenrecht, 7. Aufl. 1980, § 10 IV 1.

[18] Nach der Textausgabe von *H. Hattenhauer*, Preußisches Allgemeines Landrecht, 1970. — Zum preußischen Schadensrecht allgemein *H. Conrad / G. Kleinheyer* (Hrsg.), Vorträge über Recht und Staat von Carl Gottlieb Svarez (1746 - 1798), 1960, S. 298 ff.; zur Restitution *F. Förster / M. E. Eccius*, Theorie und Praxis des heutigen gemeinen preußischen Privatrechts, 5. Aufl., Bd. 1, 1887, § 90 III, S. 557 f.

[19] So der 1811 in der Wiener Hof- und Staatsdruckerei veröffentlichte Text. Zur Entwicklung des österreichischen Schadensrechts s. *Ursula Floßmann*, Österreichische Privatrechtsgeschichte, 1983, S. 279 ff.

I. Einleitung: Die Kritik Degenkolbs

die Sache selbst nicht mehr in dem nämlichen Stande beyzuschaffen vermag, auf die Vergütung des Werthes, wie nicht weniger auf die Indemnisation aller anderen etwa hierum erlittenen Schäden und Kosten[20].

Damit ist die Quelle aufgezeigt, aus der der Vorschlag des § 219 gespeist worden ist. *Degenkolb* bringt das deutlich zum Ausdruck: Der Schadensbegriff des Entwurfs habe — jedenfalls im Hinblick auf das Naturalrestitutionsprinzip — „seine wahre Heimath (...) da, wo auch die wahre Heimath so vieler Sätze des ‚allgemeinen Theiles' liegt, in der naturrechtlichen Doktrin"[21].

Degenkolbs Behautpung ist richtig, und doch zu kurz gegriffen. Durch die Forschungen in der neueren Zeit über die Quellen des naturrechtlichen Privatrechts[22] und insbesondere die Untersuchungen über die spanische Spätscholastik[23] wissen wir, daß die naturrechtlichen Entwürfe gerade auch in ihren privatrechtlichen Aspekten keineswegs geschichtslos im Raume stehen. Das gilt auch für das Schadensrecht und — worauf sich die folgende Untersuchung beschränken soll — das Prinzip der Naturalherstellung. Ich glaube, es läßt sich nachweisen, daß dieser Grundsatz der *scholastischen Restitutionslehre* entstammt und sowohl über die Theologie als auch die kirchliche Rechtswissenschaft Eingang in die weltliche Rechtswissenschaft des 17. und 18. Jahrhunderts gefunden hat. In der Literatur ist auf einzelne Aspekte dieses Entwicklungsgangs bereits hingewiesen worden, so von *Emilio Bussi*[24] in seiner Dogmengeschichte sowie von *Hermann Lange*[25] und *Hans Josef Wie-*

---

[20] 4. Theil 16. Kap. § 2, zitiert nach einer 1821 in München erschienenen Publikation.

[21] a.a.O. (Fn. 5), S. 5.

[22] Im deutschen Raum hat im Hinblick auf die Spätscholastik hier vor allem *Hans Thieme,* anknüpfend an frühere erste Erkenntnisse von *Josef Kohler,* in der Nachkriegszeit wichtige Anstöße gegeben: Das Naturrecht und die europäische Privatrechtsgeschichte, 2. Aufl. 1954; Das natürliche Privatrecht und Spätscholastik, in: SavZRG Germ. Bd. 70 (1953), S. 230 ff. — Zum Stand der heutigen Forschung mit den entsprechenden Literaturhinweisen s. R. *Zippelius,* Stichwort „Naturrecht", Handwörterbuch zur deutschen Rechtsgeschichte, hrsg. v. *A. Erler / E. Kaufmann,* Bd. 3, 1984, Sp. 933 - 940; *H. Schlosser,* Grundzüge der Neueren Privatrechtsgeschichte, 5. Aufl. 1985, § 2, S. 57 ff.; *U. Eisenhardt,* Deutsche Rechtsgeschichte, 1984, Rz. 171 ff.; *A. Laufs,* Rechtsentwicklungen in Deutschland, 3. Aufl. 1984, Kap. VI, S. 140 ff.

[23] Hingewiesen sei hier vor allem auf die frühe, wegweisende Arbeit von *G. Otte,* Das Privatrecht bei Francisco de Vitoria, 1964. Eine gute Übersicht über die neuere Literatur ist bei *C. Bergfeld,* Spanische Spätscholastik, in: Handbuch der Quellen und Literatur der neueren europäischen Privatrechtsgeschichte, Bd. 2, 1977, S. 1029 - 1033, zu finden. Zu den geistesgeschichtlichen Grundlagen s. *M. Villey,* La formation de la pensée juridique moderne, Paris 1968, S. 69 ff. (Christliche Theologie und Rechtstheorie), S. 338 ff. (spanische Spätscholastik).

[24] La formazione dei dogmi di diritto privato nel diritto commune, 1937, Nr. 44, S. 191 - 193.

[25] Schadensersatz und Privatstrafe in der mittelalterlichen Rechtstheorie, 1955, S. 12 und 71.

ling[26] in ihren Untersuchungen über die Entwicklung des Schadensrechts. Einen wichtigen Teilbereich, nämlich die Restitutionslehre der spanischen Spätscholastik und ihre Auswirkungen, hat *Günther Nufer* in einer Freiburger Dissertation erforscht[27]. Unter Einbeziehung dieser Einzelergebnisse soll im folgenden der Versuch gemacht werden, den *Entwicklungsgang im ganzen* darzustellen.

---

[26] a.a.O. (Fn. 8), S. 153. — In der Einleitung (S. 1) erklärt der Autor ausdrücklich, daß er auf die Darstellung der scholastischen Restitutionslehre verzichte.

[27] Über die Restitutionslehre der spanischen Spätscholastiker und ihre Auswirkungen auf die Folgezeit. Maschinenschriftl. Diss. Freiburg 1969. Der Betreuer dieser Arbeit, *Hans Thieme*, hat bereits zuvor in einem Vortrag „Der Beitrag des Naturrechts zum positiven Recht", in: 150 Jahre OLG Naumburg, 1966, S. 27 ff., 29 f., auf die Herkunft der modernen Schadenslehre aus der kirchenrechtlichen Doktrin (VI 5.51.4) und der scholastischen Lehre kurz hingewiesen.

II. Die Entwicklung der Restitutionslehre bis zur Hochscholastik

1. Restituere im römischen Recht

Um das Spezifische der scholastischen Restitutionslehre zu erfassen, ist es nützlich, zunächst einen Blick auf das *römische Recht* zu werfen.

Hier war der Begriff restituere ein Terminus technicus. Bestimmten Klagen wurde, wie soeben ausgeführt, die *Restitutionsklausel* (clausula arbitraria) hinzugefügt, die dem Beklagten die Möglichkeit eröffnete, die drohende Verurteilung durch Herausgabe des Erlangten abzuwenden. Mit dem Begriff des restituere sollte dabei zum Ausdruck gebracht werden, daß nicht die bloße Sachherausgabe hinreicht, sondern daß, dem ursprünglichen Wortsinn gemäß, jener Zustand herzustellen ist, der sich ergeben hätte, wenn eine bestimmte Leistung bereits zu einem bestimmten früheren Zeitpunkt erfolgt wäre. Dieser Zeitpunkt, auf den die Restitution zurückprojeziert wird, ist, wie die Quellen zeigen, regelmäßig die Litiskontestation, in einzelnen Fällen aus besonderen Gründen ein früherer Augenblick, niemals aber ein späterer. Die Folge ist, daß bei allen diesen Klagen der Ersatz von jenen Früchten, die der Kläger seit der Streitbefestigung hätte ziehen können, in vielen Fällen auch der Ersatz für Sachbeschädigung im Judicium einbegriffen ist[28].

2. Der Inhalt der theologischen Restitutionslehre

Für die mittelalterlichen Theologen, die sich mit der Frage der Erstattungspflicht befaßten, mag der Begriffsinhalt des restituere — der der modernen Umschreibung des Schadensersatzes in § 249 S. 1 BGB ähnelt[29] — für die Herausbildung ihres Konzepts der Restitution durchaus bedeutsam gewesen sein. Das, was die theologische Restitutionslehre in ihrer Substanz ausmacht, ist jedoch etwas ganz anderes.

Eine gut brauchbare, knappe Beschreibung der scholastischen Restitutionslehre gibt der niederländische Jesuit *Leonard Lessius* (1554-1623) in seinem 1605 veröffentlichten Werk „De justitia et jure ceterisque virtutibus cardinalibus". Zunächst stellt er den Begriff restitutio als Rechtsbegriff vor und grenzt ihn auch zu anderen Begriffen ab:

---

[28] So *M. Kaser*, Restituere als Prozeßgegenstand, 2. Aufl. 1968, S. 7 f., s. auch S. 191 ff. m. w. N.
[29] So *Medicus*, a.a.O. (Fn. 7), S. 246.

> Notandum est, Restitutionem proprie significare positionem rei in pristinum statum, et quia dum res ablata redditur, in priorem statum reponitur, ideo significat redditionem rei ablatae, sive iure, sive iniuria ablata sit; quod aliter Latinis dicitur Redhibitio, et redhibere. Sic depositum et commodatum dicitur restitui, et etiam mutuum; quia saltem secundum speciem est idem. Emptor vero pretium numerans non dicitur restituere, sed soluere: et qui damnum intulit, compensat, non restituit.

Sodann beschreibt er den besonderen Restitutionsbegriff der Theologen:

> Apud Theologos tamen hoc nomen accipitur generalius, ut etiam comprehendat omnem illati damni compensationem; et sic nihil est aliud, quam rei acceptae redditio, vel damni illati compensatio. Hoc modo qui damnum intulit, dicitur facere restitutionem, dum illud compensat, et aequiualens rependit. posset etiam hoc modo emptor soluens pretium, dici facere restitutionem, quia reddit rem in aequiualenti; quamuis non ita usitate[30].

Während es sich also beim römischrechtlichen restituere um ein auf den Prozeß zugeschnittenes Rechtsinstitut handelt, stellt die *Restitutionslehre* eine *umfassende Schadenslehre* dar, die im Zusammenhang mit dem Bußsakrament von der Frühscholastik entwickelt wird, im Laufe der Zeit, vor allem durch die Hochscholastik und dabei insbesondere von *Thomas von Aquin*, zunehmend rechtliche Elemente in sich aufnimmt und infolgedessen über den rein theologischen Bereich weit hinausgreift und die kirchliche Rechtswissenschaft maßgeblich prägt. Dem *römischen Recht* ist demgegenüber bekanntlich sowohl ein allgemeiner Begriff des Schadensersatzes als auch eine allgemeine Schadensersatzpflicht fremd. Es kennt stets nur einzelne Schadenstatbestände, wobei der jeweilige Leistungsinhalt vornehmlich vom Typus der zuständigen actio abhängt[31].

3. Die Restitutionslehre in der systematischen Theologie und der Beichtlehre bis Thomas von Aquin

In welcher Weise die Restitutionslehre von der Früh- bis zur Hochscholastik Gestalt angenommen hat, kann hier nur kurz skizziert werden. Die Entwicklung ist von *Karl Weinzierl* in zwei Werken überaus gründlich, allerdings leider ohne hinreichendes Empfinden für die spezifisch rechtlichen Aspekte dargestellt worden[32]. Von zentraler Bedeutung für die Restitutionslehre ist ein Satz des *Augustinus* aus einem

---

[30] Lib. 2 cap. 7 dub. 4 nr. 15, in der hier benutzten Ausgabe Antwerpen 1632 auf S. 77. Zu *Lessius* s. Lexikon f. Theol. u. Kirche, Bd. 6, 1961, Sp. 981 f. (R. Bäumer).

[31] Vgl. *Kaser*, a.a.O. (Fn. 6), § 35 I, S. 163 f.

[32] Die Restitutionslehre der Frühscholastik, 1936, und Die Restitutionslehre der Hochscholastik bis zum hl. Thomas von Aquin, 1939. — Zur Kritik s. *Otte*, a.a.O. (Fn. 23), S. 64.

3. Die Restitutionslehre bis Thomas von Aquin

Brief an den Bischof Macedonius geworden, der in seinen wichtigen Teilen von *Gratian* in sein Dekret aufgenommen worden, also ohne größere Schwierigkeit zugänglich ist[33]. Es sind rein pastorale Gedanken, die *Augustinus* hier äußert: Zur wahren Buße gehört notwendigerweise die Restitution fremder Sachen. Wenn nämlich eine sündhaft erlangte fremde Sache nicht zurückgegeben wird, obwohl dies möglich gewesen wäre, dann wird die Buße nicht wirklich getan, sondern nur geheuchelt. Wer aber wahre Buße tun will, der kann nicht Nachlassung seiner Sünden erlangen, wenn das Weggenommene nicht restituiert wird.

Diese zuletzt genannte Formulierung des *Augustinus*: „*non remittetur peccatum, nisi restituatur ablatum*" ist die maßgebliche Stelle geworden, aus der die Restitutionslehre erwachsen ist. In der theologischen Literatur seit dem 12. Jahrhundert wird diese Lehre systematisch ausgebaut[34]. Dabei herrscht zunächst noch Unklarheit über den sachlichen Zusammenhang, in dem sie abzuhandeln ist. Teilweise wird sie bei der Lehre von der Gerechtigkeit, teilweise im Zusammenhang mit dem 7. Gebot erörtert. Für die weitere Entwicklung von besonderer Bedeutung war, daß *Petrus Lombardus* († 1160) sie in seinen um 1150 verfaßten Libri IV sententiarum bei der *Lehre vom Bußsakrament* behandelt[35]. Da zahlreiche Theologen nach ihm sein Sentenzenwerk zur Grundlage von Kommentierungen gemacht haben, war damit für lange Zeit der Platz festgelegt, an dem die Darstellung der Restitutionslehre stattfand[36].

Dieser Zusammenhang mit dem Bußsakrament wurde durch die seit dem Beginn des 13. Jahrhunderts wieder[37] aufblühende Beichtliteratur verstärkt. In den sog. *Beichtsummen*, den „Handbüchern der Beichtpraxis"[38], deren bedeutendste im hohen Mittelalter die vor 1225 verfaßte „Summa de casibus poenitentiae" des *Raymund von Peñaforte*[39]

---

[33] C. 14 q. 6 c. 1. Der Text findet sich — in verschieden langen Fassungen — bereits in früheren Sammlungen, so z. B. im Dekret des *Ivo* (13.4 und 15.25), abgedruckt in: Sancti Ivonis Carnotensis episcopi Opera omnia, Tom. 1, Ed. Migne, Patrologiae latinae Tom. CLXI, 1889, Sp. 803 f. und Sp. 862.

[34] Zum folgenden vgl. *Weinzierl*, Frühscholastik (Fn. 32), S. 110 ff. Die Augustinus-Stelle ist abgedruckt in: Sancti Aurelii Augustini Opera omnia, Tom. 2 (Epistolae), Ed. Migne, Patrologiae Latinae Tom. XXXIII, 1865, Sp. 662.

[35] Vgl. *Weinzierl*, a.a.O. (Fn. 32), S. 119 ff.

[36] Die Stelle, an der der Lombarde die Restitution erörtert, ist Lib. 4 Dist. 15.

[37] Nach dem Niedergang des irischen, angelsächsischen und karolingischen Bußwesens, das seinen literarischen Niederschlag in den Bußbüchern des 7. bis 9. Jhs. gefunden hat; vgl. dazu W. *Plöchl*, Geschichte des Kirchenrechts, Bd. 1, 2. Aufl. 1960, S. 392 ff., 442 ff.; *Cyrille Vogel*, Les „Libri Penitentiales", 1978.

[38] F. *Wieacker*, Privatrechtsgeschichte der Neuzeit, 2. Aufl. 1967, S. 78.

[39] Sie wurde 1235 nach Erlaß des Liber Extra wohl überarbeitet, vgl. J. F. v. *Schulte*, Die Geschichte der Quellen und Literatur des canonischen Rechts II, 1877, Neudruck 1956, S. 410 ff., sowie (korrigierend) S. *Kuttner*,

ist, werden bei den einzelnen Anweisungen an die Beichtväter dezidiert auch die verschiedenen Restitutionspflichten dargestellt[40].

Drei Aspekte dieser frühen Entwicklung der Restitutionslehre verdienen besondere Beachtung:

(1) Der erste betrifft die *inhaltliche Ausgestaltung*. Die Restitutionspflicht wird keineswegs, wie es das Augustinus-Wort nahelegt, auf den Fall der Wegnahme durch Diebstahl beschränkt. Nach und nach wird der Kreis der Restitutionsfälle erweitert. Dabei geht es dann nicht nur um die Wiedergutmachung für die Wegnahme, Zerstörung oder Beschädigung fremder Sachen, sondern darüber hinaus um wucherische Geschäfte jeder Art und schließlich um die Wiedergutmachung von immateriellen Schäden, insbesondere bei Beeinträchtigung des guten Rufs des Nächsten. Bereits der Pariser Magister *Petrus Cantor* († 1197) widmet der detractatio längere Ausführungen[41]; besonders intensiv hat sich mit diesem Thema *Albertus Magnus* († 1280) beschäftigt[42]: Die Lehre vom Widerruf, von der restitutio famae als der schadensrechtlichen Sanktion bei Behauptung ehrenrühriger Tatsachen, hat hier eine wesentliche Grundlage[43].

(2) Der zweite Aspekt bezieht sich auf den *Umfang der Restitution*. Soweit man sich an biblischen Vorbildern orientieren wollte, mußte man — bis auf ganz wenige Ausnahmen[44] — feststellen, daß ein Vielfaches des angerichteten Schadens als Wiedergutmachung zu leisten ist[45]. Während in den Glossen zur Heiligen Schrift vom 9. bis zum 12. Jahrhundert dieser Gesichtspunkt zumeist in einem übertragenen Sinn gedeutet wird[46], findet in der Literatur der Frühscholastik von vornherein eine Beschränkung auf den einfachen Ersatz statt, wobei entsprechend dem Augustinus-Wort die *restitutio in natura* ganz und gar im Vordergrund steht. Allerdings zeigen die Theologen einen überzeugenden inneren Grund für die Beschränkung in dieser Zeit noch nicht auf.

(3) Der dritte Aspekt betrifft die *Stellung der Restitution innerhalb des Bußsakraments*. Die materia poenitentiae besteht aus drei Tei-

---

SavZRG Kan. Bd. 70 (1953), S. 419 ff. Hier wurde ein Druck Rom 1603, 1967 als Offset-Druck in Farnborough und Meisenheim / Glave wiederveröffentlicht, benutzt.

[40] s. dazu *Weinzierl*, Frühscholastik, S. 100 ff., und Hochscholastik (Fn. 32), S. 89 ff.
[41] Vgl. *Weinzierl*, Frühscholastik (Fn. 32), S. 133 f.
[42] Zu diesem s. *Weinzierl*, Hochscholastik (Fn. 32), S, 121 - 123, 126 - 136.
[43] Dazu s. unten VII 2 b.
[44] *Hesekiel* 33, 14 f.
[45] z. B. *Exodus* 22, 1 (= 21, 37) oder *Lukas* 19, 8.
[46] s. dazu *Weinzierl*, Frühscholastik (Fn. 32), S. 11 ff.

len: der Reue (contritio cordis), dem Bekenntnis (confessio oris) und der Genugtuung (operis satisfactio) durch Almosen, Fasten und Gebet[47]. Die entscheidende Frage war die, wie sich die restitutio zur satisfactio verhalte: ist sie ein integrierender Bestandteil oder steht sie nur in einer lockeren Verbindung zu ihr? Vorläufige (im eigentlichen Sinn des Wortes), aber durchaus richtungsweisende Antworten haben vor allem *Stephan Langton* († 1228), *Wilhelm von Auxerre* († nach 1231) und *Albertus Magnus* gegeben. Nach ihnen ist die Restitution nicht Teil der Genugtuung selbst, sondern eine Voraussetzung derselben[48].

---

[47] Zum Bußsakrament vgl. Bd. 31 (1962) der deutschen Thomas-Ausgabe (s. unten Fn. 49) m. Kommentar v. *B. Neunheuser* sowie *R. Weigand*, Das Bußsakrament, in: Handbuch des kath. Kirchenrechts, hrsg. v. J. Listl u. a., Regensburg 1983, S. 693 ff.
[48] Vgl. im einzelnen *Weinzierl*, Frühscholastik, S. 158 ff., 162 ff., 179; ders., Hochscholastik, S. 121 f., 124 f., insb. 127 - 129.

III. Die Vollendung der Restitutionslehre durch Thomas von Aquin: Wesensschau, Verrechtlichung und Systematisierung

Die Vollendung der Restitutionslehre erfolgt durch *Thomas von Aquin* (1225 - 1274). In seiner 1267 - 73 verfaßten „Summa theologica" widmet er der Restitution *ein* Kapitel, nämlich die 62. Frage im 2. Teil des 2. Buches[49]. Die Restitutionslehre wird hier auf eine Grundlage gestellt, auf der auch noch die heutige Moraltheologie aufbaut[50] und die so fundiert ist, daß sie auch der Rechtswissenschaft eine feste Stütze geben konnte[51]. Denn dem Aquinaten gelingt es, in Anwendung der aristotelischen Philosophie und durchaus auch in Kenntnis des römischen und kanonischen Rechts eine innere Begründung für die Restitutionspflicht zu geben und damit das Wesen der Restitution zu erfassen und darüber hinaus die zahlreichen Fälle der Restitutionspflicht in ein brauchbares System zu bringen[52].

---

[49] Im folgenden wird die deutsche Thomas-Ausgabe, hrsg. v. d. Albertus-Magnus-Akademie, Walberberg bei Köln, zugrunde gelegt, und zwar Bd. 18 (1953) mit dem Kommentar v. *A. F. Utz*.

[50] Vgl. z. B. *J. Pieper*, Über die Gerechtigkeit, 3. Aufl. 1960, S. 74 ff. Als größere moraltheologische Darstellungen seien genannt: *Alfonso de Ligorio*, Theologia moralis, Tom. 2, ed. P. M. Heilig, Paris 1863, Lib. 4 Tract. 5 „De septimo praecepto", Cap. 2 „De restitutione" (S. 322 - 442); *F. Lucius Ferraris*, Bibliotheca canonica iuridica moralis theologica, Tom. 6, Rom 1890, Stichwort „Restitutio" (S. 798 - 856); *M. Prümmer*, Manuale Theologiae moralis secundum principia S. Thomae Aquinatis, Tom. 2, 12. Ed. Freiburg/Br. 1955, Tract. 11 „De virtute iustitiae et vitiis oppositis" Sect. 1 Qu. 3 Cap. 4 „De restitutione seu de reparatione iuris laesi" (S. 182 - 210).

[51] Zu Recht weist *W. Trusen*, Mittelalterliche Jurisprudenz und Wirtschaftsethik, 1961, S. 25, darauf hin, daß *Thomas von Aquin* „von der eigentlichen Jurisprudenz auch heute noch viel zu wenig in seiner Bedeutung für die Entwicklung des abendländischen Rechtsdenkens erkannt zu sein" scheint.

[52] Eine ausführliche Darstellung bringt *Weinzierl*, Hochscholastik, S. 16 ff. (der aristotelischen Philosophie), S. 163 ff. (der Restitutionslehre). Der Autor weist darauf hin, daß *Thomas* in seinem Sentenzenkommentar mehr auf dem überkommenen scholastischen Gedankengut aufbaut, während die Errichtung eines geschlossenen Systems auf der Grundlage des aristotelischen Gedankenguts in seiner Summe erfolgt; dabei ist er offensichtlich von römisch- und kanonischrechtlichen Anschauungen geprägt worden, insb. von der Beichtsumme seines Ordensbruders *Raymund von Peñaforte* (vgl. oben Fn. 39).

1. Die Restitution als Akt der ausgleichenden Gerechtigkeit[53]

Schon die Stelle, an der *Thomas* die Restitution behandelt, ist bezeichnend für die völlig neue Betrachtungsweise. Die restitutio wird nämlich innerhalb *der* Fragen (57 bis 79) in der Secunda Secundae erörtert, die das Problem von Recht und Gerechtigkeit zum Inhalt haben. Die Restitutionslehre wird damit äußerlich vollkommen getrennt vom Bußsakrament, das am Ende des 3. Buches (quaestiones 84 - 90) sowie im Supplement zum 3. Buch behandelt wird. Hier — beim Bußsakrament — findet die Restitution keine Erwähnung, auch nicht bei der satisfactio.

Der Grund ist einleuchtend: Die *Restitution* ist ein reines *Rechtsproblem*. Sie bedeutet, so führt *Thomas* aus, nichts anderes, als jemanden wiederum in den Besitz oder in das Eigentum seiner Sache zu setzen. Sie ist also ein *Akt der ausgleichenden Gerechtigkeit*[54], der dann eintreten muß, wenn jemand eine fremde Sache innehat, sei es mit dessen Willen wie beim mutuum oder depositum, sei es gegen seinen Willen wie beim Diebstahl oder Raub[55]. Der Begriff restitutio setzt an sich die Dieselbigkeit der Sache voraus. Er ist jedoch über die Fälle der Verletzung körperlicher Sachen hinaus auszudehnen und auf alle Handlungen und Duldungen anzuwenden, die mit Ehrung oder Beleidigung einer Person oder auch Verletzungen des menschlichen Körpers zu tun haben[56].

---

[53] II/II q. 62 a. 1.
[54] Zur überragenden Bedeutung der iustitia im mittelalterlichen Rechtsdenken vgl. *Trusen* (Fn. 51), S. 32 ff. — Zu der moraltheologischen Frage, ob auch bei Verletzung der distributiven Gerechtigkeit Restitution erforderlich sei, s. *R. Egenter*, Festschrift Ed. Eichmann, 1940, S. 529 ff.
[55] II/II q. 62 a. 1: Respondeo dicendum quod restituere nihil aliud esse videtur quam „iterato" aliquem „statuere" in possessionem vel dominium rei suae. Et ita in restitutione attenditur aequalitas justitiae secundum recompensationem rei ad rem, quae pertinet ad justitiam commutativam. Et ideo restitutio est actus commutativae justitiae: quando scilicet res unius ab alio habetur, vel per voluntatem ejus, sicut in mutuo vel deposito; vel contra voluntatem ejus, sicut in rapina vel furto.
[56] a.a.O.: Ad secundum dicendum quod nomen restitutionis, inquantum importat iterationem quamdam, supponit rei identitatem. Et ideo secundum primam impositionem nominis, restitutio videtur locum habere praecipue in rebus exterioribus, quae manentes eaedem et secundum substantiam et secundum jus dominii, ab uno possunt ad alium devenire. Sed sicut ab hujusmodi rebus nomen commutationis translatum est ad actiones vel passiones quae pertinent ad reverentiam vel injuriam alicujus personae, seu nocumentum vel profectum; ita etiam nomen restitutionis ad haec derivatur quae, licet realiter non maneant, tamen manent in effectu, vel corporali, puta cum ex percussione laeditur corpus; vel qui est in opinione hominum, sicut cum aliquis verbo opprobrioso remanet homo infamatus, vel etiam minoratus in suo honore.

2. Art und Umfang der Restitution[57]

Unter Hinweis auf die Bibelstellen, in denen ein Vielfaches als Wiedergutmachung festgesetzt ist[58], unterscheidet *Thomas* zwischen Strafe und Wiedergutmachung. Die biblischen Gesetze hätten Strafe zum Inhalt; dagegen erfordere die iustitia commutativa nur den einfachen Ersatz[59]. Wiedererstattung bedeute in erster Linie Rückgabe jener Sache, die ungerechterweise fortgenommen sei; durch die erneute Aushändigung werde der Ausgleich hergestellt. In den Fällen, wo Gleichartiges nicht wiedererstattet werden könne, genüge es zu erstatten, was möglich sei. Wenn einer z. B. einem anderen ein Glied nehme, müsse er es ihm in Geld oder Ehrungen wiedergutmachen[60]. Der zu ersetzende Schaden beschränkt sich aber nicht auf das tatsächlich Weggenommene. Vielmehr könne der Geschädigte durch die Tat auch am Gewinn dessen gehindert worden sein, was er zu erwerben im Begriff war. *Thomas* verweigert hier jedoch den vollen Ersatz, da der Geschädigte den Gewinn keineswegs sicher habe[61].

---

[57] II/II q. 62 a. 2 - 4.

[58] s. oben Fn. 45.

[59] II/II q. 62 a. 3: Ad tertium sic proceditur. Videtur quod non sufficiat restituere simplum quod injuste ablatum est. Dicitur enim Exod. 22: „Si quis furatus fuerit bovem aut ovem, et occiderit vel vendiderit, quinque boves pro uno bove restituet, et quatuor oves pro una ove." Sed quilibet tenetur mandatum divinae legis observare. Ergo ille qui furatur tenetur restituere quadruplum vel quintuplum ...
Respondeo dicendum quod cum aliquis injuste accipit rem alienam, duo sunt ibi. Quorum unum est inaequalitas ex parte rei: quae quandoque est sine injustitia, ut patet in mutuis. Aliud autem est injustitiae culpa: quae potest esse etiam cum aequalitate rei, puta cum aliquis intendat inferre violentiam sed non praevalet. Quantum ergo ad primum adhibetur remedium per restitutionem, inquantum per eam aequalitas reparatur: ad quod sufficit restituat tantum quantum habuit de alieno. Sed quantum ad culpam adhibetur remedium per poenam, cujus inflictio pertinet ad judicem. Et ideo antequam sit condemnatus per judicium, non tenetur plus restituere quam accepit: sed postquam condemnatus est, tenetur poenam solvere.
Et per hoc patet responsio ad primum: quia lex illa determinativa est poenae per judicem infligendae. Et quamvis ad observantiam judicialis praecepti nullus teneatur post Christi adventum ut supra habitum est; potest tamen idem vel simile statui in lege humana, de qua erit eadem ratio.
Etwa ein Jahrhundert heißt es bei *Baldus*, In decretalium volumen commentaria, De iureiurando, cap. sicut (X 2.24.29), n. 2, Druck Venedig 1595, fol. 260r: Restituat. nota quod non dicit, reddat poenam quadrupli, quia censura ecclesiastica non curat de poenis civilibus, sed de mera restitutione ...

[60] II/II q. 62 a. 2: Ad primum ergo dicendum quod in quibus non potest recompensari aequivalens, sufficit quod compensetur quod possibile est: sicut patet „de honoribus qui sunt ad Deum et ad parentes", ut Philosophus dicit 8 Eth. (c. 16). Et ideo quando id quod ablatum est non est restituibile per aliquid aequale, debet fieri recompensatio qualis possibilis est. Puta, cum aliquis alicui abstulit membrum, debet ei recompensare vel in pecunia vel in aliquo honore, considerata conditione utriusque personae, secundum arbitrium probi viri.

[61] II/II q. 62 a. 4.

3. Das System der Restitution[62]

Während sich die früheren Scholastiker darauf beschränkt haben, die einzelnen Restitutionsfälle darzustellen, nimmt *Thomas* nunmehr eine systematische Einteilung vor. Sein bedeutendster Kommentator, Kardinal *Cajetan* (1464 - 1534), spricht in diesem Zusammenhang von den „radices unde omnes restitutiones in quacumque materia et quomodolibet oriuntur"[63] und diese sind zwei, nämlich die *res accepta* und die *acceptatio*.

Der Unterschied zwischen der Erstattung aufgrund des Besitzes einer weggenommenen Sache und der Erstattung aufgrund der Wegnahme einer Sache liegt darin, daß der Schuldner im ersteren Fall nur solange zur Erstattung verpflichtet ist, wie er die empfangene Sache hat, während er im zweiten Fall wegen der Wegnahme der Sache stets haftet. Ratione rei acceptae haftet z. B. der gutgläubige Besitzer; die Einstandspflicht hat hier also bereicherungsrechtlichen Charakter. Dagegen haftet der Dieb ratione acceptationis; hier steht also der deliktische Aspekt im Vordergrund. Allerdings ordnet *Thomas* hier auch einige Fälle vertraglicher Haftung zu, nämlich die des Darlehnsnehmers und die des Verwahrers.

In den folgenden Jahrhunderten ist der letzte Aspekt in Streit gekommen, ob nämlich auch der *Vertrag* als Quelle der Restitutionspflicht anzusehen und zu erörtern sei. Besonders seit dem 16. Jahrhundert läßt sich vielfach in der Literatur die Tendenz beobachten, aus der Restitutionslehre die vertraglichen Erstattungspflichten auszuscheiden und in ihrer Vielgestaltigkeit bei den einzelnen Vertragstypen zu behandeln[64]. Die Problematik braucht jedoch im Zusammenhang mit unserem Thema nicht verfolgt zu werden. Für uns genügt es festzuhalten, daß die Erfassung der Restitution als ein Problem der ausgleichenden Gerechtigkeit und ihre systematische Gliederung durch *Thomas von Aquin* grundlegende Bedeutung für die weitere wissenschaftliche Behandlung gewonnen hat.

---

[62] II/II q. 62 a. 6.
[63] Commentaria, veröff. in: Thomas v. Aquin, Opera omnia, Bd. 9, Rom 1897, Commentaria ad II/II q. 62 a. 6.
[64] Eindeutig bringt das z. B. der spanische Spätscholastiker *Gabriel Vasquez* gleich zu Beginn seines „Tractatus de restitutione" (s. unten Fn. 181) zum Ausdruck: Tamen licet hic nobis non sit agendum de contractibus, in quibus iniusta intervenit acceptio, quia de iis erit specialis tractatus, tamen ea quae speciali non indigent tractatu, hic disputabuntur suis in locis (Divisio operis nr. 2). — Vgl. dazu P. C. *Hohenlohe*, Gründe der Schadensersatzpflicht in Recht und Moral, Regensburg / Rom 1914, S. 170 ff., sowie die kritische Stellungnahme von F. *Schindler*, Zeitschr. f. kath. Theologie Bd. 39 (1915), S. 605 ff.

IV. Die Restitutionslehre im Rechtsbereich vom Dekret Gratians (1140) bis zum Liber Sextus (1298)

Das gilt nicht nur für die Moraltheologie, sondern auch für das Kirchenrecht[65]. Hier findet die Restitutionslehre endgültige Anerkennung durch die Aufnahme der Augustinus-Parömie (in leicht abgewandelter Gestalt) als *vierte Rechtsregel* im *Liber Sextus* von 1298 und damit auch im Rechtsbereich wissenschaftliche Behandlung auf der von *Thomas* geformten Grundlage.

1. Decretum Gratiani (1140): C. 14 q. 6 c. 1

Die Aufnahme in den Liber Sextus stellt das Ende einer Entwicklung dar, die bereits über 150 Jahre zuvor begonnen hatte. Wenden wir uns deshalb zunächst dem Vater der kirchlichen Rechtswissenschaft *Gratian* zu. Ähnlich wie andere Verfasser von kirchenrechtlichen Sammlungen vor ihm hat auch er, wie bereits ausgeführt, das Augustinus-Wort in sein um 1140 verfaßtes *Dekret* aufgenommen und damit der Restitutionslehre Zugang zur Rechtswissenschaft verschafft.

Die Erörterung der Restitutionspflicht findet in der Causa 14 im Zusammenhang mit dem Problem statt, wie der Gewinnanteil von Klerikern zu beurteilen sei, die an Kaufleute Geld ausgeliehen haben, damit sie an deren Warenhandel partizipieren. Das Problem wird in mehrere Fragen aufgeschlüsselt, und in der 6. Quaestio wird unter Übernahme des Augustinus-Briefs ganz allgemein eine Rechtspflicht zur Restitution befürwortet. Dabei bleibt aber der Bezug zum Bußsakrament immer noch bestehen, denn in dem Dictum, das der Augustinus-Stelle im Dekret vorausgeht, führt *Gratian* den Kirchenvater als Zeugen mit folgenden Worten an:

> Quod vero poenitencia agi non possit, nisi res aliena reddatur (testatur Augustinus in epist. [LIV] ad Macedonium)[66].

---

[65] Zum Corpus iuris canonici sowie zur kanonistischen Literatur s. *A. Van Hove*, Prolegomena, 2. Aufl. 1945 (Commentarium Lovaniense in Codicem iuris canonici, vol. 1, tom. 1); *G. Le Bras / C. Lefebvre / J. Rambaud*, L'âge classique (1140 - 1378). Sources et théorie du droit, 1965 (Histoire du Droit et des Insitutions de l'Eglise en occicent. Tome 7); *K. W. Nörr*, in: *H. Coing* (Hrsg.), Handbuch der Quellen und Lit. der neueren europ. Privatrechtsgesch., Bd. 1, 1973, S. 364 ff. und 835 ff.; *J. Gilissen*, Introduction historique au droit, Bruxelles 1979, S. 127 ff.

[66] Text nach der Ausgabe von *Friedberg*, Corpus iuris canonici, Neudruck 1959.

Auch für *Gratian* besteht daran kein Zweifel, daß für die Restitution der einfache Ersatz als Ausgleich hinreichend ist. In C. 12 q. 2, wo es um die Erhaltung des Kirchenguts geht, führt er zunächst einen (pseudo-isidorischen) Brief des Paptes *Eusebius* (c. 10) an, in welchem auf die hohen weltlichen Bußsummen bei Kirchendiebstahl hingewiesen wird. Anschließend zitiert er aber einen (wohl authentischen) Brief *Gregors I.* (c. 11), in dem es u. a. heißt:

> Auch fragst du (gemeint ist der Angelsachsenapostel Augustinus als Adressat des Briefes), wieviel der Dieb von Kirchengut mehr noch als die Wiedererstattung zu leisten habe. Aber es sei fern, daß die Kirche das mit Gewinn zurücknehme, was sie an zeitlichen Gütern verloren hat, und auf diese Weise Gewinn aus Schaden erstrebe.

In dem folgenden Dictum erklärt *Gratian* sodann:

> Verum illud Eusebii de legum severitate, istud Gregorii de ecclesiastica mansuetudine dictum intelligitur.

Der Hinweis auf die kirchliche Milde ist bemerkenswert, denn er macht deutlich, welchen Gewinn an Rationalität die auf der aristotelischen Philosophie beruhende Rechtfertigung der Restitution als Ausgleich der gestörten Tauschgerechtigkeit durch *Thomas von Aquin* gegenüber der *Gratian*'schen Begründung darstellt.

2. Liber Extra (1234)

Von der Wissenschaft nach *Gratian*, der sog. Dekretistik, ist die Restitutionslehre durchaus beachtet worden; das erweist sich insbesondere, wie sogleich zu zeigen sein wird, an der Entwicklung der praescriptio-Lehre[67]. Es findet aber keine Ganzheitsbetrachtung statt. Nur dort, wo nach dem Dekret Restitutionspflichten statuiert werden, wird wird auf Aspekte dieser Lehre eingegangen[68].

Im *Liber Extra*, dem 1234 von *Gregor IX.* erlassenen Gesetzeswerk, ist eine ähnliche Behandlung der Restitutionsproblematik zu beobachten. Gegenüber dem Dekret *Gratians* findet eine Verbesserung der Systematik insoweit statt, als nunmehr innerlich zusammengehörende Fälle in einzelnen Titeln, über die fünf Bücher verteilt, erfaßt werden. So wird im 2. Buch die Restitution des spoliierten Besitzes geregelt (tit. 13: De restitutione spoliatorum); die Restitution des unrechtmäßig veräußerten Kirchengutes wird in einem eigenen Titel des 3. Buches (tit. 13: De rebus ecclesiae alienandis vel non) bestimmt; die aus den Delikten der Simonie, des Raubes, Diebstahls und Wuchers entspringenden Restitutionspflichten werden in verschiedenen Titeln des 5. Buches behandelt. Von besonderer Bedeutung ist dabei die Dekretale X 5.19.5 des Papstes *Alexander III.* (1159 - 1181), durch die entsprechend

---
[67] Unten IV. 3.
[68] Vgl. *Weinzierl*, Frühscholastik (Fn. 32), S. 67 ff.

IV. Die Restitutionslehre von Gratian bis zum Liber Sextus

einer Bestimmung des 3. Laterankonzils von 1179 „usuarii, qui sunt solvendo, coguntur ... usuras restituere", und zwar unter ausdrücklichem Hinweis auf die Augustinus-Parömie. Hinzu kommen noch unter dem Titel „De iniuriis et damno dato" (X 5.26) einige sonstige Schadensfälle, insbesondere solche der Sachbeschädigung. In cap. 3 ist ein Fall geregelt, in dem Ersatz in natura angeordnet wird. Es handelt sich um den aus dem Exodus 22, 36 übernommenen Fall, daß ein stößiges Rind ein anderes Rind tötet und der Herr das agressive Tier nicht hinreichend überwacht hat: hier soll das lebende gegen das getötete Rind übergeben werden — ein Fall der Tierhalterhaftung, wie wir ihn ähnlich auch im mittelalterlichen deutschen Recht finden (s. unten VII. 2. a.).

Für die Kanonisten des Dekretalenrechts war damit der Themenkatalog aus dem Bereich der Restitutionslehre vorgezeichnet[69]. Daß die Dekretalisten die Lehre aber auch als einheitliche Materie sehen konnten und darzustellen wußten, dafür gibt *Heinrich von Segusio*, Kardinalbischof von Ostia und berühmt geworden mit seinem Beinamen *Hostiensis* († 1271), ein überzeugendes Beispiel. Unter den Überschriften „Quibus et qualiter a quibus et inquantum facienda est restitutio male acquisitorum" und „Quae forma servanda est in restitutione illicite acquisitorum" behandelt er in seiner in den fünfziger Jahren des 13. Jahrhunderts verfaßten „Summa"[70] ausgiebig eine Reihe wichtiger Restitutionsfälle sowie die Art und Weise des Schadensersatzes[71]. Allerdings ist der Ort, an dem er die Problematik abhandelt, zu beachten: es ist nämlich der Titel „De poenitentiis et remissionibus" (im 5. Buch). Eine Verknüpfung der Restitution mit Recht und Gerechtigkeit, wie sie *Thomas* 15 bis 20 Jahre später unter Übernahme aristotelischen Gedankenguts vornehmen wird, ist ihm fremd. Tiefer gehende Gedanken über die Gründe der Restitution macht er sich nicht; ihm genügt der Hinweis auf das Augustinus-Wort[72]. Trotzdem ist die Darstellung des *Hostiensis* wichtig. Betrachtet man nämlich die Abhandlungen über die Restitution, die in den späteren Jahrhunderten verfaßt worden sind, so ist unverkennbar, daß die nüchterne, juristisch geprägte Art und Weise der Behandlung des Themas für Juristen und Theologen Vorbild war. In Anbetracht der Bedeutung des Autors und der Anerkennung, die sein Werk als „Summa aurea" gefunden hat[73], ist das auch nicht überraschend.

---

[69] Vgl. *Weinzierl*, Hochscholastik (Fn. 32), S. 59 ff.
[70] Hier ist die Ausgabe von Lyon 1537, Neudruck Aalen 1962, benutzt worden.
[71] a.a.O., fol. 284r - 287v.
[72] a.a.O., fol. 284r, nr. 61.
[73] Vgl. *Schulte*, a.a.O. (Fn. 39), S. 125 - 127; *Le Bras / Lefebvre / Rambaud*, a.a.O. (Fn. 65), S. 312 - 314.

3. Die Bedeutung der Restitutionslehre für die rescriptio-Lehre

Daß die scholastische Restitutionslehre bei Dekretisten und Dekretalisten, den kirchlichen Juristen, nur nach und nach Anerkennung gefunden hat, hängt entscheidend mit der selbständigen Rolle zusammen, die die kirchliche Rechtswissenschaft gegenüber der Theologie eingenommen hat. Hierin liegt ja gerade eine Besonderheit der europäischen Rechtsentwicklung, auf die vor allem *Max Weber* aufmerksam gemacht hat: die Kirche hat den Lehrbetrieb der Theologie auf der einen Seite und den weltlichen auf der anderen Seite von der kanonischen Rechtslehre gesondert und so die Entstehung theokratischer Mischbildungen verhindert, wie sie sonst überall eingetreten sind (es sei nur auf den arabischen Raum hingewiesen! U. W.)[74].

Natürlich mußte aber die Moraltheologie dort beachtet werden, wo es um die Vermeidung eines peccatum ging[75]. Hierin liegt die Entwicklung der kanonistischen praescriptio-Lehre begründet. Trat nach römischem Recht die Anspruchsverjährung auch bei Kenntnis der Verpflichtung ein[76] und genügte für die Ersitzung guter Glaube lediglich zur Zeit der Besitzergreifung[77], so forderte das kanonische Recht, durch den Liber Extra mit Gesetzeskraft ausgestattet (X 2.26.5 und 20), daß „qui praescribit, in nulla temporis parte rei habeat conscientiam alienae".

Es war in jüngerer Zeit *Noël Vilain*[78], der uns die Erkenntnis vermittelt hat, daß es gerade die scholastische Restitutionslehre war, die die Dekretisten zu der Forderung nach der bona fides für den gesamten Zeitraum der praescriptio gebracht hat. Als erste haben *Rufinus* und *Stephan von Tournai* in ihren vor bzw. nach 1160 verfaßten Summen zum Dekret *Gratians* im Zusammenhang mit der Beschäftigung mit C. 14 q. 6[79] diese Forderung erhoben. Für sie stand es außer Zweifel, daß

---

[74] Vgl. *U. Wolter*, Ius canonicum in iure civili, 1975, S. 5 f., 96 mit entspr. Hinweisen. Zutreffend führt *Gilissen*, a.a.O. (Fn. 65), S. 128 f., aus: „Le droit canon est un droit religieux, comme le sont le droit hébraïque, le droit hindou et le droit musulman ... Mais deux differences substantielles sont à souligner: — dans la doctrine chrétienne, la notion de droit est connue et reconnue, alors que chez les Musulmans et les Hindous, le droit se confond avec un ensemble des règles de comportement religieux, rituels et moraux: la char'ia ou le dharma ... — l'Eglise a (presque toujours) admis la dualité de deux systèmes juridiques, le droit religieux et le droit laïque ..."

[75] Selbstverständlich im kirchlichen Recht, später aber dann auch nach der im mittelalterlichen Recht entwickelten „Bereichslehre" auch im weltlichen Recht, vgl. *Wolter*, a.a.O. (Fn. 74), S. 27 - 29, 37 ff.; *W. Trusen*, SavZRG Kan. Bd. 88 (1971), S. 83 ff.; S. 123 ff.

[76] Vgl. Cod. 7.39.3 und 4.

[77] Dig. 41.3.3; der später eintretende böse Glaube war unschädlich: Dig. 41.1. 48.1; Cod. 7.31.(1.)3.

[78] Traditio Bd. 14 (1958), S. 121 ff.

[79] *Vilain*, a.a.O., S. 140 ff. — Zum Problem des Verhältnisses von Recht und

ein mala fide erworbener Besitz zurückerstattet werden müsse, Eigentum an der Sache also nicht erworben werden könne, wenn während der Ersitzungszeit Bösgläubigkeit eintritt. Ihre Auffassung hat durch das 4. Laterankonzil 1215 und den Liber Extra Anerkennung gefunden. Sie hat sich auch im weltlichen Recht durchgesetzt; nur über den Anwendungsbereich herrschte im gemeinen Recht Uneinigkeit[80].

Ein interessanter Streit zwischen den Theologien und den Kanonisten ergab sich aus der Frage, in welchem Umfang die Restitutionslehre im Rechtsbereich anzuwenden sei: Ist auch dann zurückzuerstatten, wenn *nach* Ablauf der Verjährungszeit böser Glaube eintritt[81]? Die Theologen haben seit *Petrus Cantor* († 1197) diese Frage in ihrer überwiegenden Mehrheit bejaht. Die Kanonisten haben sie dagegen mehrheitlich verneint. Sie berufen sich auf die Autorität des kirchlichen Rechts, insbesondere nachdem in X 2.26.5 und 20 eine eindeutige Regelung ergangen war. Allerdings machen sie sich die Sache nicht leicht. *Raymund von Peñaforte* hat die größten Skrupel: er könne keine Garantie für das Seelenheil für den geben, der sich auf die rechtliche Regelung stütze[82]. Sicherer erscheinen der berühmte Dekretalist des 12. Jahrhunderts *Hostiensis* und der ebenso anerkannte Kanonist am Ende der klassischen Epoche des kirchlichen Rechts, *Johannes Andreae* († 1348), der vor allem die grundlegende Kommentierung des Liber Sextus (1298) durchgeführt hat[83]. Nach langen Erwägungen über das Für und Wider entscheiden sie sich für die Endgültigkeit der Ersitzung nach Ablauf der Verjährungsfrist. Sie machen allerdings eine Einschränkung: Wenn der Erwerber Gewissensbisse (conscientiam remordentem) habe, solle er lieber zurückerstatten; das ist jedoch keine Rechtspflicht[84].

Die Kanonisten übernehmen also die Restitutionslehre nicht vollständig. Das ist vor allem im Hinblick auf *Johannes Andreae* bemerkenswert, macht er doch seine Ausführungen in seinem Kommentar zur Regula II „possessor malae fidei ullo tempore non praescribit"[85] un-

---

Moraltheologie bei Stephan von Tournai und Rufinus s. *R. G. Knot,* Rufinus and Stephan on church judgment, Diss. Yale University, 1976; *Herbert Kalb,* Studien zur Summa Stephans von Tournai, Innsbruck 1983.

[80] Vgl. *Wolter,* a.a.O. (Fn. 74), S. 12, 28, 36 f., 103 f., 187 f.
[81] Vgl. dazu *Vilain,* a.a.O., S. 154 ff.
[82] Summa 2.5.33, a.a.O. (Fn. 39), S. 207.
[83] Zu ihm und seinem Werk s. *Schulte,* a.a.O. (Fn. 39), S. 205 ff.; *Le Bras / Lefebvre / Rambaud,* a.a.O. (Fn. 65), S. 327 f.
[84] *Hostiensis,* Summa, lib. 2, tit. de prescriptione rerum immobilium, § verum quicquid dicant legiste, a.a.O. (Fn. 70), fol. 116r.
[85] In Sextum Decretalium librum Novella Commentaria, verfaßt zwischen 1336 und 1339 (vgl. *Plöchl,* a.a.O. [unten Fn. 93], S. 521), Druck Venedig 1581, Neudruck Turin 1966. Der Kommentar zu den Regulae iuris ist mit gesonder-

3. Die Bedeutung für die rescriptio-Lehre

mittelbar vor seiner Kommentierung der Regula IV, durch die der Restitutionslehre gesetzliche Anerkennung verschafft worden ist (hier geht er auf die Problematik nicht mehr ein). Der Eigenständigkeit der Juristen gegenüber den Theologen hat offenbar auch dieser Gesetzgebungsakt keinen Abbruch getan; *Johannes Andreae* argumentiert typisch juristisch, indem er darauf hinweist, daß alles Recht zerstört würde, wenn man ständig die Restitution zuließe[86].

---

ter Folienzählung angefügt; zur Regula II ist er fol. 57ᵛ ff. zu finden, zur Regula IV fol. 62 ff.

[86] Den Gesichtspunkt des Rechtsfriedens akzeptiert auch *Thomas von Aquin*, vgl. *Weinzierl*, Hochscholastik (Fn. 32), S. 185. — Im Streit der Juristen und Theologen hat der englische Kanonist *Alanus* in seinem vor 1210 verfaßten Apparat zur Compilatio I einen Kompromißvorschlag gemacht, den *Raymund, Hostiensis* und *Joh. Andreae*, a.a.O. (Fn. 82, 84, 85) erwähnen: Der Erwerber solle restituieren, wenn er den Besitz ex causa lucrativa erworben habe. Noch heute ist es umstritten, ob der Eigentumserwerb durch Ersitzung nach § 937 BGB endgültig ist oder ob nicht zumindest nach Bereicherungsrecht Rückerstattung verlangt werden könne. Die h. M. bejaht Leistungskondiktion, lehnt dagegen Eingriffskondiktion mit Ausnahme von § 816 I 2 BGB (man fühlt sich an *Alanus* erinnert!) ab, vgl. *Palandt / Bassenge*, Bürgerliches Gesetzbuch, 44. Aufl. 1985, Vorbem. 1 a vor § 937.

V. Die gesetzliche Anerkennung der Restitutionslehre durch den Liber Sextus (1298), Regula iuris IV „peccatum non dimittitur, nisi restituatur ablatum"

Die endgültige, da gesetzliche Anerkennung findet die Restitutionslehre durch die Aufnahme der Augustinus-Parömie als Regula iuris IV im Liber Sextus: „peccatum non dimittitur, nisi restituatur ablatum".

1. Die Bedeutung des Liber Sextus

Der *Liber Sextus* ist das 1298 von Papst *Bonifaz VIII.* erlassene Gesetzeswerk, in das sowohl das seit dem Liber Extra (1234) erlassene päpstliche als auch das konziliare Recht aufgenommen worden ist. Die Besonderheit dieser Sammlung liegt darin, daß die Quellen von der dreiköpfigen Redaktionskommission zu abstrakten Normen umgeformt worden sind; der Liber Sextus ist deshalb weitaus mehr noch als der Liber Extra formal einem modernen Gesetz vergleichbar.

Während wir reiche Forschungserträge für die Kanonistik bis in die zweite Hälfte des 13. Jahrhunderts haben, sind die Ergebnisse bezüglich des Liber Sextus bisher leider nicht sehr ergiebig. Wir besitzen zwar aus neuerer Zeit die bemerkenswerte Würdigung der Bedeutung des Gesetzeswerkes für die Kodifikationsidee aus der Feder von *Sten Gagnér*[87], und es gibt eine Reihe beachtlicher Arbeiten zur Bulle „Unam sanctam" (1302, Extravag. com. 1.8.1). Es fehlt jedoch eine ins einzelne gehende Forschung über die Bedeutung der Gesetzgebung von *Bonifaz* im Vergleich zum früheren Recht und der vorangegangenen Rechtswissenschaft[88].

2. Die Regulae iuris des Liber Sextus[89]

Ähnliches läßt sich auch zu den Regulae iuris sagen, die dem 5. Buch des Liber Sextus angefügt sind[90].

---

[87] Studien zur Ideengeschichte der Gesetzgebung, 1960, S. 135 ff.

[88] So P. *Landau*, Neuere Forschungen zu Quellen und Institutionen des klassischen kanonischen Rechts bis zum Liber Sextus. Ergebnisse und Zukunftsperspektiven, in: Seventh International Congress of Medieval Canon Law, Cambridge 23 - 27 July 1984.

[89] Herr *Thiemo Bader* hat in Würzburg eine Magisterarbeit über „Bonifaz VIII. und seine Regulae iuris" unter Betreuung des inzwischen verstorbenen

2. Die Regulae iuris des Liber Sextus

a) Der Verfasser der Rechtsregeln

Streitig ist bereits die Frage, wer diese Regeln verfaßt hat. *Johann Friedrich von Schulte*[91] hat die Ansicht vertreten, Verfasser sei *Dinus Mugellanus* († wohl nach 1300) gewesen. Als Gründe führt er an: *Dinus* war 1297/98 an den Arbeiten zum Liber Sextus beteiligt. Er war Legist[92] und als solcher mit den römischen Rechtsregeln der Digesten, die ja offensichtlich Vorbild waren, bestens vertraut. Außerdem hat *Dinus* den bedeutendsten Kommentar zu den Regulae iuris geschrieben.

Dieser Auffassung hat *Louis Falletti* in jüngerer Zeit widersprochen[93]. Zum einen ist davon auszugehen, daß *Bonifaz VIII.* in der Einleitung zum Liber Sextus die drei Komissionsmitglieder ausdrücklich nennt[94], *Dinus* aber nicht dazu gehört. Zum anderen ist von entscheidender Bedeutung, daß *Dinus* selbst im Vorwort seines Kommentars zu den Regulae iuris davon spricht, daß Papst *Bonifaz* diese zusammengestellt hat[95]. Allenfalls kommt also in Betracht, daß *Dinus* an der Kompilation des Titels „De regulis iuris" mitgearbeitet hat.

b) Herkunft und Zahlensymbolik der Rechtsregeln des Liber Sextus

Mit dem Erlaß von Rechtsregeln ist *Bonifaz* bekannten Vorbildern gefolgt[96]. *Justinian* hat seiner Digestensammlung im 50. Buch 211 Rechtsregeln angefügt. Im Mittelalter hat als erster *Bernard von Pavia* der von ihm verfaßten Collectio I (1187 - 1191) einen Titel „De regulis

---

Prof. Dr. *Friedrich Merzbacher* angefertigt. Dem Verf. darf ich herzlich dafür danken, daß er mir die Einsichtnahme in diese hervorragende Arbeit gestattet hat.

[90] Eine umfangreiche Untersuchung über die kirchlichen Rechtsregeln hat *Francis F. Reh*, The Rules of Law and Canon Law, Rom 1939, vorgenommen. Der Verf. hat legistische und kanonistische Literatur, vor allem des späten Mittelalters und der Neuzeit, in großer Fülle verarbeitet. Jedoch werden die verschiedenen Literaturmeinungen leider allzu wenig historisch strukturiert nebeneinandergestellt.

[91] a.a.O. (Fn. 39), S. 176 f. Ihm folgen H. E. *Feine*, Kirchliche Rechtsgeschichte, 5. Aufl. 1972, S. 289; E. *Roelker*, in: The Jurist Bd. 10 (1950), S. 282; V. *Bartocetti*, De regulis iuris canonici, 1955, S. 12 f.

[92] Dies betont ausdrücklich *Joh. Andreae*, indem er ausführt: „Sciendum est, quod Dynus non fuit canonista", Comm. in tit. de regulis iuris, reg. I, nr. 1, a.a.O. (Fn. 85), fol. 4ᵛ.

[93] Stichwort: Dinus Mugellanus, in: Dictionnaire de Droit Canonique, hrsg. v. R. *Naz*, Bd. 4, 1949, col. 1253. Ihm folgen z. B. A. M. *Stickler*, Stichwort: Dinus Mugellanus, in: Lexikon f. Theol. u. Kirche, Bd. 3, 2. Aufl. 1959, Sp. 397; W. *Plöchl*, Geschichte des Kirchenrechts, Bd. 2, 2. Aufl. 1962, S. 64 f., 521 f.

[94] Nämlich den Erzbischof von Embrun, *Guillaume de Mandagout*, den Bischof von Béziers, *Berengar Fredoli*, und den Vizekanzler der römischen Kirche, *Richard Petroni v. Siena*.

[95] Commentarii in regulas iuris Pontificii, cum add. N. Boerii, Köln 1617, In prooemium argumenta, nr. 1, S. 1.

[96] Vgl. zum folgenden P. *Stein*, Regulae iuris. From juristic rules to legal maxims, 1966, S. 144 f.

iuris" beigegeben. Ihm sind dann Gregor IX. und sein Redaktor *Raymund von Peñaforte* gefolgt und haben den Liber Extra mit Rechtsregeln versehen. Es sind allerdings nur elf; ihrem Wesen nach sind sie eher moralische Sprichwörter[97].

Bonifaz hat 88 Rechtsregeln erlassen. Sie sind zum überwiegenden Teil dem römischen Recht, insbes. den Rechtsregeln, entnommen, zum geringeren Teil dem kanonischen Recht und in wenigen Fällen, wie die Regula IV beweist, der Moraltheologie[98]. Die Zahl hat offenbar symbolischen Charakter, über den man spekulieren kann[99]: Vielleicht bedeutet die Verdoppelung der 8 die zweifache Gewalt, die der Papst in der Bulle „Unam sanctum" in Anspruch genommen hat. Die Zahl 8 könnte als 3 x 2 Sinnbild der Trinität bedeuten. Oder es ist 88 in 8 x 11 zu zerlegen, wobei die 11 für die Überschreitung der göttlichen Gebote steht, deren Folge der Tod ist, während die 8 Auferstehung und Glückseligkeit bezeichnet.

c) Die Bedeutung der Regulae iuris nach den Lehrmeinungen der Juristen des 12. und 13. Jahrhunderts

Doch mag diese Zahlenmystik dahinstehen. Von größerer Bedeutung für die weitere Behandlung unseres Themas ist die Frage, welchen Zweck der Papst mit der Aufnahme der Rechtsregeln in sein Gesetzeswerk angestrebt hat. Die Antwort läßt sich nur finden, wenn man zunächst einmal näher untersucht, welche Funktion und Bedeutung die Regulae iuris nach den Lehrmeinungen der Juristen der damaligen Zeit hatten.

Ausgangspunkt ist die Definition der Rechtsregel durch *Paulus* in Dig. 50. 17. 1:

Regula est, quae rem, quae est, breviter enarrat. Non ex regula ius sumatur, sed ex iure, quod est, regula fiat. Per regulam igitur brevis rerum narratio traditur, et, ut ait Sabinus, quasi causae coniectio est, quae simul cum in aliquo vitiata est, perdit officium suum.

In der Wissenschaft des römischen Rechts hat sich eine lebhafte Diskussion über Struktur, Funktion und Wert der *Justinian*'schen Rechtsregeln entwickelt[100]. Für unser Thema kann es dahingestellt bleiben,

---

[97] z. B. reg. III: „Utilius scandalum nasci permittitur, quam veritas relinquatur" oder reg. X: „Non potest esse pastoris excusatio, si lupus oves comedit, et pastor nescit."

[98] Vgl. die Übersicht bei *Roelker*, a.a.O. (Fn. 91), S. 281 f.

[99] Vgl. *Stein*, a.a.O., S. 148 f.; *Bartocetti*, a.a.O. (Fn. 91), S. 17 f.; *Heinz Meyer*, Die Zahlenallegorien im Mittelalter, 1975, S. 173.

[100] Vgl. dazu *D. Behrens*, SavZRG Rom. Bd. 75 (1958), S. 353 ff.; *R. Dekkers*, Revue Int. des Droits de l'Antiquité, Bd. 5 (1958), S. 437 ff.; *Stein*, a.a.O. (Fn.96), S. 3 ff.; dazu Bespr. v. *F. Wieacker*, SavZRG Rom. Bd. 84 (1967), S. 434 ff.; *B. Schmidlin*, Die römischen Rechtsregeln, 1970; dazu Bespr. v. *D. Nörr*, SavZRG Rom. Bd. 89 (1972), S. 18 ff. und die Erwiderung von

ob — wie *Franz Wieacker* es ausgedrückt hat — das klassische Recht ohne die Rechtsregeln kaum ärmer sei[101]. Im Mittelalter jedenfalls spielten sie für die Juristen eine durchaus beachtliche Rolle[102].

Während *Bulgarus,* ein Vertreter der sog. zweiten Glossatorengeneration nach *Irnerius* in der Mitte des 12. Jahrhunderts, sich noch eng an die Definition des *Paulus* hält und in der Rechtsregel entsprechend der eindeutigen Aussage der Digestenstelle nur eine Sammlung von einzelnen juristischen Fallösungen erblickt, gibt bereits *Johannes Bassianus* als Angehöriger der dritten Generation diese enge Betrachtungsweise auf. Er will die Regel auch auf vom Gesetz nicht entschiedene Fälle anwenden, wenn sich in ihnen die gleiche ratio zeigt. Dieser Ansatz wird von *Azo* († um 1230) und schließlich *Accursius* († 1263) ausgeweitet: Die Rechtsregel kann auch zur Rechtsfortbildung herangezogen werden, denn in den Fällen, die vom gleichen Prinzip beherrscht sind, die aber nicht im Gesetz entschieden sind, schafft die Regula Recht[103].

Ein weiterer, interessanter Gesichtspunkt wird von *Bertrand,* Bischof von Metz (1180 - 1212), in einem zwischen 1167 und 1180 verfaßten Kommentar über den Titel „De regulis" entwickelt[104]. Er lenkt die Aufmerksamkeit auf die Stelle, an der *Justinian* seine Regeln plaziert hat, nämlich an Ende der Digesten. Daraus schließt er, daß damit der ganze Pandektenband in diesem Titel erfaßt und ausgedrückt werde („totum volumen pandectarum consummatur"). Dieser Gedanke ist alsbald aufgegriffen worden, und man hat allgemein die Auffassung vertreten, daß die Regulae sozusagen eine Kurzfassung des geltenden Rechts darstellten.

d) Dinus und die Glosse, vor allem im Hinblick auf die Regula IV

Von besonderem Interesse ist natürlich die Meinung derjenigen Juristen, die sich in unmittelbarem zeitlichen Zusammenhang mit dem Er-

---

Schmidlin, in: Festschr. Kaser, 1976, S. 91 ff. Eine bemerkenswerte Quellenanalyse von Dig. 50.17.1 nimmt *Okko Behrends,* SavZRG Rom. Bd. 82 (1975), S. 162 - 185, vor.

[101] a.a.O. (vorige Fn.), S. 440.

[102] Zum folgenden s. *Stein,* a.a.O. (Fn. 96), S. 133 ff.; *Ch. Lefebvre,* Stichwort: Règles de droit, in: Dictionnaire de Droit Canonique, Bd. 7 (1965), col. 541 ff.

[103] So *Accursius,* gl. regula ad Dig. 50.17.1: „sed super casibus in quibus eadem est aequitas, nec tamen sunt in iure positi, bene facit ius". Hier wurde der in Turin 1968 erschienene Neudruck „Accursii Glossa in Digestum novum" (Corpus Glossatorum Juris civilis Bd. IX) benutzt.

[104] Vgl. *Stein,* a.a.O. (Fn. 96), S. 147 f. Der Text des Kommentars ist von *S. Caprioli* ediert worden, und zwar unter dem Titel „Bertrandus Metensis de regulis iuris, a Seuerino Caprioli descriptus", Perugia 1981. Die Datierung stammt von *G. Dolezalek,* in: Ius commune XI (1984), S. 31 - 36.

V. Gesetzliche Anerkennung der Restitutionslehre im Liber Sextus

laß des Liber Sextus zu dessen Rechtsregeln geäußert haben, denn sie bringen den gesetzgeberischen Willen am ehesten zum Ausdruck. Es handelt sich zum einen um den bereits als möglichen (Mit)Autor genannten *Dinus Mugellanus,* zum anderen den Verfasser der Glossa ordinaria, *Johannes Andreae*[105].

Dinus schließt sich gleich zu Beginn seines Kommentars über die Regulae iuris[106] dem Gedanken an, daß Rechtsregeln, in einem Titel eines Gesetzes zusammengestellt, das Wesentliche in Kürze zum Ausdruck bringen:

> Praemissis casibus singularibus, et eorum determinatione in praecedentibus titulis singulariter intellecta, quia non est novum, ut quod sparsim propositum est, ad regulam reducatur, quae compendiosa narratione omnia diffusa tradita comprehendat ...[107]. Ideo ... Bonifacius Papa VIII ... posuit titulum de regulis iuris, in quo sub brevitate verborum colligit ea quae in aliis partibus iuris per verba plura et varia disseruntur.

Das officium regulae liegt seiner Ansicht nach in der Verbindung der den verschiedenen Fällen zugrunde liegenden rationes zu *der* einen ratio, die alle letztlich gemeinsam hätten[108]. Wichtig erscheint es ihm, darauf hinzuweisen, daß eine Regel generell sein und daß sie alles umfassen muß, was in sich dieselbe ratio determinationis trägt[109]. *Dinus* erkennt, daß es schwierig ist, zwischen Rechtsanwendung und Rechtsfortbildung auf der Grundlage einer Rechtsregel zu unterscheiden. Er akzeptiert die Auffassung des *Accursius,* nach welcher die Regel zur Bildung neuen Rechts herangezogen werden kann[110].

Die *Glosse* erörtert in ähnlicher Weise zunächst Stellung, Inhalt und Funktion einer Rechtsregel. Nicht neu sei es, so heißt es am Anfang,

---

[105] Er hat die Glossa ordinaria zum Liber Sextus 1303, also 5 Jahre nach Erlaß des Gesetzes verfaßt, seinen Kommentar zum Liber Sextus erst viel später, s. *Plöchl,* a.a.O. (Fn. 85).

[106] Seine Gedankenführung wird von *Stein,* a.a.O. (Fn. 96), S. 151 f., dargestellt. Im folgenden wird die in Fn. 95 genannte Ausgabe benutzt.

[107] *Dinus* verweist hier auf Dig. 50.17.1 und 9.2.27.13. Der letztere Hinweis bezieht sich auf die Definition zur Lex Aquilia, nach der bei den Begriffen „quod usserit, fregerit, ruperit" der letztere zu „corruperit" korrigiert wird, so daß er die ersteren umfaßt: Inquit lex „ruperit": rupisse verbum fere omnes veteres sic intellexerunt „corruperit". Auch die *Glosse* „non est novum" weist darauf hin.

[108] a.a.O., nr. 12: ... dicendum est, quod regula est coniunctio rationis, ideo quia de ratione plurium casuum eandem rationem habentium, unam numero generalem traditionem facit. et sic quae primo erant plures numero rationes, ad unam, ex omnibus coniunctis procedentem reducuntur per regulam: et ideo proprie dicitur quod officium regulae est rationes coniungere ...

[109] a.a.O., nr. 2 - 9.

[110] a.a.O., nr. 10: Aptius autem dici posset, quod aut constitutio iuris praecedit traditionem regulae, et regula de iure iam constituto quasi materiam de materia producatur, ... videlicet, ut in determinatis, in quibus est eadem ratio aequitatis, faciat, seu constituat ius. Sed ubi non est ius constitutum ante regulae traditionem, sed invenitur sola simplex traditio regulae: tunc ipsa regula est ius, seu constitutio iuris ...

daß irgendwelchen Dingen, die speziell aufgeführt seien, ein genereller Schlußsatz folge, der alles zusammenfasse. Deshalb werde nach den oben gesetzten Titeln, die gemäß ihren Materien Rechtsregeln in sich trügen, dieser allgemeine Titel „De regulis iuris" für die Materien in ihrer Gesamtheit aufgestellt. Oft werde gefragt, warum *Bonifaz* diesen Titel nicht an den Anfang der Kompilation gesetzt habe. Darauf könnte eine responsio colorativa gegeben werden: weil das, was zum Schluß gesagt werde, dem Gedächtnis besser anvertraut werde. Die wahre Lösung sei aber folgende: diese Reihenfolge sei eingehalten worden, damit gezeigt werde, daß das Recht nicht aus der Regel gewonnen werde, sondern die Regel aus dem Recht. Wenn die Regeln nämlich an den Anfang gestellt worden wären, könnte man vielleicht glauben, daß das Recht, das den Regeln folge, aus den Regeln entnommen werde. Deshalb seien also die Regeln an den Schluß gesetzt, damit klar gemacht werde, daß die Regeln aus dem vorangegangenen Recht entstanden seien.

Diese breite Disposition der *Glosse* hat durchaus ihren Sinn: sie spricht sich nämlich im folgenden gegen die von *Accursius* und *Dinus* vertretene Ansicht aus, daß die Regeln zur Schaffung neuen Rechts verwendet werden könnten. Zur Unterstützung ihrer Auffassung beruft sich die *Glosse* nicht nur auf die Digestendefinition, daß eine Regel nur die sei, „quae rem quae est breviter enarrat", sondern auch auf die bei *Gratian* zu findende, auf *Isidor von Sevilla* zurückgehende Begriffsbestimmung, daß eine Regel lenke, vorschreibe, wie man richtig lebe, und korrigiere, was verdreht und schlecht sei[111].

Diese Einschränkung der Aufgabe der Rechtsregel ist bemerkenswert, denn sie bringt das Mißtrauen der Kanonistik gegenüber der Rechtsfortbildung durch die Wissenschaft zum Ausdruck; allerdings ist diese Einstellung nicht erstaunlich angesichts der Tatsache, daß die päpstliche Rechtsschöpfung zu dieser Zeit ihren Höhepunkt allenfalls gerade überschritten hatte.

Für die Rechtsregeln des Liber Sextus sieht die *Glosse* in diesem Punkt aber sowieso kein Problem. Ausdrücklich weist sie nämlich darauf hin, daß in den 88 Regeln keine einzige zu finden sei, die neues Recht schaffe[112]. Sie verhehlt allerdings nicht, daß gesagt werden

---

[111] D. 3 c. 2: Regula dicta est eo quod recte ducit, nec aliquando aliorsum trahit. Alii dixerunt regulam dictam, vel quod regat, vel normam recte vivendi prebeat, vel quod distortum pravumque est corrigat.

[112] Druck des Liber Sextus Venedig 1567, S. 420 1. Sp.: Officium autem regulae est, plures similes casus simul iungere clavo rationis ... Quae sit potestas, an scilicet constituat ius de novo, an antiquum recitet, dubitatur: et videtur, quod ius de novo nunquam constituat. quod iure et ipso facto probatur. Iure ff. e. l. j. (Dig. 50.17.1). Facto, quia in octoginta octo regulis infra positis, non est unam etiam solam invenire, quae ius de novo constituat: ut in prosecutione parebit.

könne, einige Rechtsregeln seien nicht aus vorangegangenem Recht gewonnen worden. Dem sei jedoch entgegenzuhalten, daß das Recht als solches bereits in den Gedanken des Gesetzgebers existiert habe, die Regel also auf dieser Grundlage gebildet worden sei[113].

Die Konsequenz für die Aufnahme der *Augustinus-Parömie* als Regula IV liegt damit auf der Hand. Wenn man zum einen davon ausgeht, daß bisher stets mit dem Augustinus-Wort die Restitutionslehre in ihrem Wesen zum Ausdruck gebracht worden ist, und wenn man zum anderen weiß, daß mit der Regel kein neues Recht geschöpft, sondern nur vorhandenes Recht in genereller Weise zusammengefaßt werden soll, so kann man daraus schließen, daß nach dem Verständnis des Papstes als Gesetzgeber die *Restitutionslehre* nicht nur ein theologisches Phänomen darstellt, sondern auch *rechtliche Qualität* besitzt und als solche in das System des kanonischen Rechts einzugliedern ist. Betrachtet man die Entwicklung vor *Bonifaz VIII.*, so besteht in der Tat kein Zweifel daran, daß die Restitutionslehre zunehmend verrechtlicht worden ist; dazu haben gerade auch die Theologen, vor allem *Thomas von Aquin*, beigetragen. Wenn sich die kirchliche Rechtswissenschaft und der Gesetzgeber des Liber Extra auch gegenüber der Restitutionslehre insoweit zurückgehalten haben, als sie sie nur in einzelnen, aber doch wesentlichen Bereichen zur Anwendung gebracht haben, wie in der Wucher- und der praescriptio-Lehre, so haben sie sie doch schon als geltendes Recht behandelt. Die Regula IV greift insoweit also durchaus auf bestehendes Recht zurück. Gemäß der damals geltenden Lehre verschafft die Zusammenfassung des Restitutionsrechts in einer Regula iuris dieser Materie nunmehr einen allgemeinen und damit herausgehobenen Charakter.

Erst mit der *Aufnahme in den Katalog der Rechtsregeln* durch den kirchlichen Gesetzgeber hat damit die Restitutionslehre *volle rechtliche Anerkennung* erhalten. Daran ändert auch nichts die Tatsache, daß die Juristen in Einzelfällen zu anderen, weniger weit reichenden Ergebnissen gelangen als die Theologen, wie sich z. B. in der Lehre über die rescriptio zeigt; das ergibt sich aus den unterschiedlichen Aufgaben und Zielsetzungen: so sehen Juristen doch eher auf den Rechtsfrieden als auf das Seelenheil des einzelnen.

Schließlich ist noch ein sehr wichtiger Effekt mit der Aufnahme der Restitutionslehre in die Rechtsregeln verbunden gewesen: Nachdem

---

[113] Et si dicatur, quod aliquae regulae praecessisse videantur iuris expressam traditionem: dico, quod ius quod est idem quod ratio: ut j. distinctio consuetudo. IX. distinctio, sana quippe. ab exordio rationabilis creaturae processerat. V. distinctio. in princip. — vel saltem dispositione concedentis regulam, ius praecessit. videns enim formator regulae, sic esse debere de iure, quod in eius saltem mente sedebat, formavit regulam (a.a.O. re. Sp.).

die Theologen die Fragen der Restitution schon seit längerer Zeit als einen zusammengehörigen Teilbereich ihrer Wissenschaft diskutiert hatten, kam diese Aufgabe nunmehr auch auf die Juristen zu, denn jetzt war im Rechtssystem der Ort festgelegt, an dem die Restitutionslehre in ihrer Gesamtheit abgehandelt werden konnte und mußte. Für die Entwicklung einer *geschlossenen Lehre vom Schadensrecht* ist hier wahrscheinlich eine *bedeutsame Grundlage* zu sehen.

VI. Die weitere Entwicklung der Restitutionslehre vom 14. bis zum 18. Jahrhundert in Kanonistik und Theologie

Im Spätmittelalter und in der frühen Neuzeit erfolgt die Ausgestaltung der Restitutionslehre nicht mehr allein in der Theologie, sondern auch, nachdem der kirchliche Gesetzgeber ihr eine Rechtsregel gewidmet hatte, in der Rechtswissenschaft.

1. Die rechtswissenschaftliche Erörterung im Zusammenhang mit der Darstellung der Regulae iuris

Der zentrale Ort, an dem die wissenschaftliche Diskussion dieses Themas stattfindet, ist demnach die Literatur zum Liber Sextus und zu dessen Regulae iuris. Betrachten wir deshalb zunächst die Bedeutung der Rechtsregeln in diesem Zeitraum und schauen uns dann näher die inhaltlichen Aspekte der Regula IV an.

a) Die Bedeutung der Rechtsregeln in der wissenschaftlichen Literatur und in der Praxis

Peter Stein hat in seiner 1966 erschienenen Abhandlung über die „Regulae iuris" in einem längeren Abschnitt die *legistische Literatur* der fraglichen Zeit näher untersucht[114]. Danach ist die Entwicklung bis zu Beginn des 16. Jahrhunderts ziemlich gleichförmig verlaufen, denn die von der *Accursischen Glosse* und *Dinus* vorgegebene *wissenschaftliche* Handhabung der Rechtsregeln hat allgemeine Anerkennung gefunden. In der *Gerichtspraxis* hatten die Regulae einen geradezu durch-

---

[114] a.a.O. (Fn. 96), S. 153 ff. unter der Überschrift: „Regulae and Maxims". — Offenbar sind die Rechtsregeln im täglichen Leben wie geflügelte Worte benutzt worden. Eine nette Episode berichtet *K. Oldenhage*, Kurfürst Maximilian Franz, Hoch- und Deutschmeister (1780 - 1801), 1969, S. 290 ff., 317: Nach den preußischen Usurpationen der Gebiete des Deutschen Ordens in Franken 1796/97 setzte *Max Franz* seine Hoffnungen auf die Rückgabe auf den inzwischen regierenden König Friedrich Wilhelm III., der zwar nicht handelte, aber zum Ausdruck brachte, ihm seien die früheren preußischen Willkürmaßnahmen unangenehm gewesen. „Max Franz ließ diese Entschuldigung allerdings nicht gelten. Die Äußerung des Königs scheine mehr das Selbstgefühl des Unrechts als die Absicht der Zurückgabe in sich zu enthalten. Wir Theologen sagen: Non dimittitur peccatum, nisi restituatur ablatum. Aber wie klein, fügte der Hochmeister ironisch hinzu, würde dann freilich die preußische Monarchie!"

schlagenden Erfolg, der der Rabulistik offenbar in skandalöser Weise Vorschub leistete.

Es ist selbstverständlich, daß sich hiergegen *Kritik* erhob. Literarischen Ausdruck hat ihr der Dichter *François Rabelais* (um 1490 - 1553) mit der Gestalt des *Richters Bridoye* gegeben, der seine Entscheidungen mit Hilfe von Würfeln ermittelt und sich dabei vollmundig gerade auch auf die Rechtsregeln der Digesten und des Liber Sextus beruft. *Rabelais* spiegelt hier die Kritik wider, die vor allem von den *Humanisten* vorgetragen worden ist[115]. Doch ist das nur die eine Entwicklungstendenz. Die andere geht in eine ganz andere Richtung, die zu einer Auf-, ja sogar Überbewertung der Rechtsregeln führt: in diesen werden „generalia iuris principia et elementa iuris" erblickt, denen eine ähnlich fundamentale Bedeutung zukommen soll wie den Institutionen[116].

In weitaus ruhigeren Bewegungen verläuft die Entwicklung der *kanonistischen Literatur zu den Regeln des Liber Sextus.* Sie findet bis in das 18. Jahrhundert hinein im wesentlichen innerhalb des von *Dinus, Johannes Andreae* und der *Glosse* vorgegebenen Rahmens statt. Das gilt zunächst einmal für die großen Kommentare zum Dekretalenrecht und die monographischen Werke zu den Regulae iuris im späten Mittelalter[117]. Exemplarisch für die erste Kategorie sei die Kommentierung des an zahlreichen oberitalienischen Universitäten beschäftigten, hochangesehenen *Petrus de Ancharano* (um 1330 - 1416) genannt. Er hat seiner „Lectura super Sexto" eine breite Kommentierung der Regulae iuris angefügt[118]. Welche Bedeutung er den Rechtsregeln beimißt, ergibt sich aus seinen einleitenden Worten im Proöminum:

> Inter ceteras autem materias iuris nulla communior est, et ad utrumque ius canonicum, et civile, magis apta, quam tractatus iste de regulis iuris, ubi revolvitur totum corpus utriusque iuris.

Und im folgenden gibt er die Quellen seiner Erkenntnisse an:

---

[115] Le tiers livre (1546), chap. 39: „Comment Pantagruel assiste au jugement du juge Bridoye, lequel sententioit les procès au sort des dez", bis chap. 53: „Comment Pantagruel excuse Bridoye sus les jugements faictz au sort des dez", in: *Rebalais*, Oeuvres complètes, éd. par *P. Jourda*, Tome I, Paris 1962, S. 565 - 584. Vgl. dazu *E. M. Duval*, The juge Bridoye, Pantagruelism, and the unity of Rabelais' Tiers Livre, in: Études Rabelaisiennes, Tome 17 (1983), S. 37 ff. — Zur humanistischen Kritik vgl. *Stein*, a.a.O. (Fn. 96), S. 162 ff.
[116] Vgl. *Stein*, a.a.O. (Fn. 96), S. 164 ff.
[117] Zur Kirchenrechtsgeschichte dieser Zeit ausführlich *Paul Ourliac / Henri Gilles*, La période post-classique (1378 - 1500). La problématique de l'époque. Les sources, 1971 (Histoire du Droit et des Institutions de l'Eglise en occident. Tome 13).
[118] Zu ihm s. *Schulte*, a.a.O. (Fn. 39), S. 278 ff.; *Plöchl*, a.a.O. (Fn. 93), S. 526; *Ourliac / Gilles*, a.a.O. (Fn. 117), S. 88. Hier wurde die 1517 in Lyon erschienene Ausgabe seines Werkes benutzt.

Ideo glossatores antiqui, et moderniores ipsas regulas multis glossis decoraverunt. Ex quibus postea Dominus Dynus composuit super istis regulis elegantem tractatum. Subsequenter Dominus Iohannes Andreae post glossas suas quaestiones quotiadianas per varios disputatas adiunxit. Ex eorum dictis, et aliorum aliqua utilia eliciam ...

Dinus und *Johannes Andreae* sind also die maßgeblichen Autoritäten für die Auslegung der Regeln. Das gilt auch für die „Lectura super titulo de regulis iuris in VI." des aus Perugia stammenden und dort auch verstorbenen *Philippus Franchus de Franchis* († 1471), dessen Werk hier exemplarisch für die seit dem Spätmittelalter aufblühende monographische Literatur zu den kanonistischen Rechtsregeln genannt sein soll[119]. Seine Kommentierung geht stets von der Meinung der *Glosse* aus; sodann werden die Auffassungen anderer Juristen diskutiert, wobei *Dinus* eine wichtige Rolle spielt.

Auch in *Nachschlagewerken, Repertorien oder Dictionarien genannt* — einer Literaturgattung, die sowohl das römische als auch das kirchliche Recht erfaßte und die sich zunehmend großer Beliebtheit erfreute — findet die Restitutionslehre Beachtung. In der Mehrzahl der Werke stehen zwar die römischrechtlichen Restitutionsbegriffe im Vordergrund, insbesondere die restitutio in integrum. Doch wird zumeist auch der restitutio rei ablatae in foro animae gedacht[120]. Interessant ist das umfangreiche „Repertorium" des Konsistorialadvokaten *Johannes Bertachinus Firmanis* (1448 - 1497)[121]. Dieses mehrfach bearbeitete und er-

---

[119] Zu ihm s. *Schulte*, a.a.O. (Fn. 39), S. 342. Hier wurde die 1499 in Venedig veröffentlichte Ausgabe seines Werkes benutzt. — Zur Literatur der Regulae iuris als einem „unsystematischen" Typus von Elementarliteratur (neben der Synopse) s. *E. Holthöfer*, in: *Coing* (Hrsg.), Handbuch (Fn. 65), Bd. II/1, 1977, S. 135 f. mit weiteren Literaturangaben aus dem südeuropäischen Raum auf S. 213.

[120] Zu dieser Literaturgattung s. *N. Horn*, in: *Coing* (Hrsg.), Handbuch II/1, S. 272, 349 - 351, 353; die Ausbreitung der Rechtsenzyklopädien im deutschen Raum hat eindrucksvoll vor allem *E. Seckel*, Beiträge zur Geschichte beider Rechte im Mittelalter, Bd. 1: Zur Geschichte der populären Literatur des römisch-kanonischen Rechts, Tübingen 1898, beschrieben.
In folgende Werke außer den im Text genannten habe ich Einsicht genommen:
1) *Johannes Reuchlin*, Vocabularius breviloquus, Basel 1480. Er bringt nur *eine* Erklärung des Begriffs „restituere", und sie ist offensichtlich theologisch geprägt: Item restituere importat redditionem illius rei quae iniuste ablata est. —
2) *Jacob Spiegel*, Lexicon iuris civilis, Basel 1577. Er nimmt insgesamt sechs Definitionen der Begriffe „restitutio" und „restituere" vor; sie sind entweder allgemein gehalten (est retro statuere ...) oder dem römischen Recht entnommen (zweimal: restitutio in integrum). —
3) *Johannes Oldendorp*, Lexicon iuris, Frankfurt 1553. Das Werk enthält fünf verschiedene Begriffsbestimmungen, die mit denen des *J. Spiegel* fast identisch sind. Die allgemeine Definition lautet: Restitutio nihil aliud est, quam repositio in pristinum statum, ut unusquisque ius suum recipiat.

[121] Zu dem Autor und seinem drei Foliobände umfassenden „kolossalen" Repertorium s. *Schulte*, a.a.O. (Fn. 39), S. 349 f.

1. Die rechtswissenschaftliche Erörterung der Regulae iuris

weiterte Werk gibt in den älteren Ausgaben bis in das frühe 16. Jahrhundert hinein (hier benutzt die Ausgabe Venedig 1518/19) zunächst nur belanglose Erklärungen der Begriffe „restitutio spoliatorum" und „restitutio male ablatorum incertorum et rapinarum". Erst spätere Auflagen (hier benutzt die Ausgabe Basel 1577) erhalten eine Erweiterung des Stichworts „restitutio in poenalibus vel in delictis", die fast über eine Druckseite hin die wesentlichen Aspekte der kirchlichen Restitutionslehre zum Inhalt hat. So heißt es u. a.:

Restituere non tenetur quis in foro animae rem cum poena dupli, vel quadrupli: sed satis est satisfacere in prima substantia rei.

Einige Absätze später kann man folgende Erklärung lesen:

Restituere tenetur quis id, quod habuit ex furto, rapina, oppressione, dolo, vel calumnia (C. 15 q. 5 c. 2). et idem in omnibus casibus, in quibus competit repetitio: et hoc etiam habet in foro animae. Nam ubicunque ius positivum habens concursum legis, seu aequitatis naturalis, disponit super retentione, seu restitutione facienda, servanda est talis lex in foro conscientiae.

Die Ausbreitung der Restitutionslehre spiegelt sich hier erkennbar wider. Doch läßt sich bereits vorher eine noch gründlichere Behandlung des Themas finden, nämlich bei *Albericus de Rosate*, Advokat in Bergamo, (ca. 1290 - 1360) in seinem berühmten „Dictionarium iuris tam civilis quam canonici". Er bringt eine umfassende Darstellung. Den gesamten Stoff gliedert er mehrfach unter dem Stichwort „restitutio" (ohne weitere Differenzierung in der Rubrik); dabei hält er sich ganz und gar in dem von *Thomas von Aquin* geformten und von den Theologen sowie den Kanonisten erweiterten Rahmen[122].

Im Hinblick auf die inhaltliche Darstellung Ähnliches läßt sich auch für *die in der Neuzeit verfaßte Literatur im katholischen Raum nördlich der Alpen* feststellen[123]. Aus der immensen Fülle dieser kanonistischen Literatur können nur einige bedeutende Werke herausgegriffen werden, so z. B. die „Summa" des Ingolstädter Professors *Heinrich Canisius* (1548 - 1610)[124], das auch bei den Protestanten geschätzte Werk

---

[122] Hier ist der Druck Venedig 1573 (mit Zufügungen anderer berühmter Juristen) benutzt worden. Die 1. Erklärung des Begriffs „restitutio" (S. 706) beginnt wie folgt: vide supra restituat et c. restitutio rei alienae, an quis teneatur restituere. dicit Tho. in secunda secundae. q. 66. sicut accipere rem alienam est contra iustitiam: ita etiam retinere eam: quia per hoc, quod aliquis retinet inuito domino, privat eum usu rei suae: et sic facit ei iniuriam. — Zu dem Autor s. *N. Horn*, a.a.O. (Fn. 120), S. 353.

[123] Zur Kirchenrechtswissenschaft dieses Zeitraums *Plöchl*, Geschichte des Kirchenrechts Bd. 5 (1969), S. 348 ff.; *Stintzing / Landsberg* III 1 (Text), S. 53 f., 162 f., 364 ff.

[124] Zu ihm s. *Schulte*, Die Geschichte der Quellen (Fn. 39), III 1, Neudruck 1956, S. 130 f. Sein Werk: Summa juris Canonici, in IV institutionum libros contracta, Ingolstadt 1600; vgl. dazu auch *Wolter*, a.a.O. (Fn. 74), S. 69. Der „Commentarius in Regulas iuris Libri VI. Decretalium" ist S. 369 ff. angefügt.

VI. Kanonistik und Theologie vom 14. bis zum 18. Jahrhundert

„Ius ecclesiasticum universum" des Ingolstädter und Dillinger Professors *Franz Schmalzgrueber* (1663 - 1735)[125], die „Jurisprudentia Canonico — Civilis" des Salzburger Professors *Franciscus Schmier* (1680 - 1728)[126], den „Kommentar" seines Nachfolgers *Placidus v. Böckhn* (1690 - 1752)[127] oder die „Praecognita" des Innsbrucker und späteren Ingolstädter Professor *Franz Xaver Zech* (1692 - 1768)[128]. Vor allem aber muß auf die gerade in diesem Zeitraum blühende spezielle Literatur zu den Regulae iuris aufmerksam gemacht werden, so z. B. auf die 1588 erschienenen „Commentaria" des Löwener Professors und Mitglieds des obersten Gerichtshofs von Belgien *Peter Peck* (1529 - 1589)[129], auf den 1659 veröffentlichten „Commentarius" des Bamberger Theologen *Johannes Strein* (1584 - 1663)[130] oder auf den am meisten geschätzten[131], gegen Ende des 17. Jahrhunderts verfaßten „Tractatus" des Lehrers am fürstbischöflichen Lyceum zu Freising bei München *Anaclet Reiffenstuel* (1641 - 1703)[132].

Die eifrige Beschäftigung mit den Rechtsregeln des Liber Sextus mag durchaus mit der Gegenreformation zusammenhängen; *Peter Peck* jedenfalls weist in seiner „Epistola dedicatoria" an den Regenten der spanischen Niederlande auf deren besonderen Wert für den katholischen Glauben hin. Doch muß die Faszination der Rechtsregeln größer gewesen sein, als lediglich im Glaubenskampf eingesetzt zu werden. Wie anders ist es zu erklären, daß der Zivil- und protestantische Kirchenrechtler *Johannes Brunnemann* (1608 - 1672), Professor in Frankfurt/

---

[125] Zu ihm s. *Schulte*, a.a.O. (Fn. 124), S. 160 f. Sein Werk: Ius ecclesiasticum universum, Tomi V, zuerst veröff. 1717 - 1727, hier benutzt im Druck Rom 1845. Die Regulae iuris werden am Ende von Bd. V/2 behandelt.

[126] Zu ihm: *Schulte*, a.a.O. (Fn. 124), S. 165. Sein Werk: Jurisprudentia Canonico-Civilis, seu Jus Canonicum Universum iuxta V. Libros Decretalium, Salzburg 2. Aufl. 1729. Die von ihm sog. Regulae Jurisprudentiae werden im Tractatus praeambulus cap. 3 sect. 3, Bd. 1 S. 28 ff., behandelt.

[127] Zu ihm s. *Schulte*, a.a.O. (Fn. 124), S. 170. Sein Werk: Commentarius in Jus Canonicum Universum, sive in quinque libros ac titulos Decretalium, Salzburg 1735 - 1739. Die Regulae iuris werden in Lib. 5 Tit. 41, Bd. 3 S. 420 ff., behandelt.

[128] Zu ihm s. *Schulte*, a.a.O. (Fn. 124), S. 179 f. Sein Werk: Praecognita Juris Canonici ad Germaniae Catholicae Principia et Usum Accomodata, München 1749. Die Regulae iuris werden in Titel 22, S. 347 ff., behandelt.

[129] Zu ihm s. *Schulte*, a.a.O. (Fn. 124), S. 686. Sein Werk: Ad regulas iuris canonica commentaria, Helmstedt 1588. Von ihm berichtet *Schulte*, a.a.O., ein „tragisches" Juristenschicksal: sein Testament ist annulliert worden — und das, obwohl er ein Werk über Testamente verfaßt hat!

[130] Zu ihm s. *Schulte*, a.a.O. (Fn. 124), S. 138 f. Sein Werk: Commentarius in regulas iuris, Köln 1659 (= Pars IV der Summa iuris canonici).

[131] Vgl. *Roelker*, a.a.O. (Fn. 91), S. 302: „In many ways this is the most satisfactory of all commentaries on the Rules of Law."

[132] Zu ihm s. *Schulte*, a.a.O. (Fn. 124), S. 154 f. Sein Werk: Tractatus de Regulis Juris, angefügt an: Jus canonicum universum, Tom. 4, 4. Ausgabe, Ingolstadt 1738.

1. Die rechtswissenschaftliche Erörterung der Regulae iuris 49

Oder, „Praelectiones ad regulas iuris canonici" abgehalten hat, die nach seinem Tod von seinem berühmten Schwiegersohn *Samuel Stryk* (1640 - 1710) zusammen mit Brunnemanns kirchenrechtlichem Werk veröffentlicht worden sind[133]. Und wie anders ist es zu verstehen, daß noch in der Mitte des 18. Jahrhunderts der Advokat am Gerichtshof zu Lyon *J. B. Dantoine* einen Kommentar zu den Regeln des kanonischen Rechts verfaßt[134], nachdem, wie er selbst im Vorwort schreibt, sein entsprechender Kommentar über die Regeln der Digesten sehr erfolgreich gewesen sei und nunmehr die Erklärung der gleich bedeutsamen kirchlichen Regeln als unerläßliche Ergänzung hinzutreten müsse[135].

Das, was die Kirchenrechtslehrer an den Rechtsregeln rühmen, ist in vielem ähnlich dem, was die weltlichen Rechtslehrer hervorzuheben wissen: Es ist die *Kürze und Prägnanz*, die die Regeln in Unterricht und Praxis als sehr brauchbar für das Memorieren und das Argumentieren erscheinen lassen. Man unterscheidet vor allem in der jüngeren Zeit zwischen gesetzlichen = authentischen und wissenschaftlichen Regeln; die letzteren werden *Brocardia* genannt[136]. Die Rechtsregeln werden darüber hinaus noch von den *Rechtssprichwörtern* abgegrenzt[137]. Nachdem die Glosse die Rechtsregel als Grundlage zur *Schaffung neuen Rechts* abgelehnt hatte, äußern sich die späteren Kanonisten über die rechtliche Bedeutung der Regeln sehr vorsichtig[138]. *Reiffenstuel* sagt zwar, daß die Rechtsregeln „vim iuris" hätten, fügt aber sofort hinzu, daß sie kein neues Recht schaffen würden[139]. Sehr elegant drückt sich

---

[133] Zu *Brunnemann* s. *Stintzing / Landsberg* II, S. 101 - 112. Die „Praelectiones" sind angefügt dem Tractatus posthumus de iure ecclesiastico, concinnatus ... a S. Strykio, Frankfurt u. Wittenberg 1681.

[134] Les règles du droit canon, ... traduites en françois, avec des explications et des commentaires sur chaque règle, Brusselles 1742.

[135] Hier lebt noch die frühere Auffassung von der engen Verflochtenheit beider Rechte, wie sie in der „Bereichslehre" zum Ausdruck gekommen ist, fort, während in Deutschland diese Vorstellung allmählich unter dem Einfluß von *Thomasius* verdrängt wird, vgl. *Wolter*, a.a.O. (Fn. 74), S. 153 ff., 172.

[136] Vgl. *Zech*, a.a.O. (Fn. 128), § 428, S. 348: Sunt autem Regulae quaedam Authenticae, auctoritate Legislatoris constitutae: aliae mere Doctrinales, quae Brocardia ... nuncupantur.

[137] Vgl. *Schmier*, a.a.O. (Fn. 126), Tom. I, S. 29 nr. 97: Differunt etiam a regulis Juris proverbia, utpote quae non ex Jure, sed ex consuetudine, communique hominum opinione fidem et assensum meruerunt. — Vgl. *F. Elsener*, Regula iuris, Brocardum, Rechtssprichwort, in: Studien und Mitteilungen zur Geschichte des Benediktinerordens Bd. 73 (1962), S. 177 ff.

[138] Vgl. *Reh*, a.a.O. (Fn. 90), S. 45 ff., 63 ff.

[139] a.a.O. (Fn. 132), Prooemium in generale nr. 11: Quaeritur II. Quam vim et authoritatem habeant Regulae Juris? Item quam utilitatem afferant, et quomodo applicare debeant? Regulae Juris Authenticae debite applicatae in casibus non exceptis habent vim juris. Ratio est; quia etsi non novum jus faciant, tamen plura jura prius jam constituta supponunt, eaque compendiose comprehendunt, et hoc ipso vim juris continens utpote ex jure desumptae, jurique in speciali Titulo insertae, et non nisi jura comprehendentes, et juxta illa conditae.

VI. Kanonistik und Theologie vom 14. bis zum 18. Jahrhundert

Böckhn aus, indem er als deutsche Entsprechung die Begriffe „Richtscheid, Richtschnur" angibt[140]. Dagegen sagt *Peck* ganz eindeutig, daß

> regularum vis et effectus est, ... quod in causis non decisis eandemque aequitatem habentibus ius faciunt ...[141].

Die wichtigste Funktion einer Rechtsregel, darin sind sich kirchliche und weltliche Rechtslehrer einig, ist eine prozessuale: sie besteht in einer *Umkehr der Beweislast*. Auf diesen Aspekt hat bereits die *Glosse* hingewiesen:

> Allegatur regula pro iure, non tam ex origine, quam ex forma, et potior est eius causa, pro quo facit regula: habet enim adversarius necesse ostendere rationem, quare in illo casu regula non loquatur[142].

In späterer Zeit wird eine neue, interessante Formulierung verwendet. So heißt es bei *Schmier:*

> Qui regulam habet pro se, habeat intentionem, in Jure fundatam, liberatur ab onere probandi, nec illud in se recipere debeat, donec ab altera parte possit exceptio liquide probari[143].

Jene Formel von der *fundata intentio,* die im 17. Jahrhundert allgemein als media via im Streit um die Geltung des römischen Rechts akzeptiert worden ist[144], findet also auch für die Geltung der Rechtsregeln Anwendung. Die Erkenntnis von *Wolfgang Wiegand,* daß es sich bei dieser Formel um eine vielseitig verwendbare und tatsächlich auch vielseitig verwendete Denkfigur handelt, die vor allem eine lange prozeßrechtliche Tradition hat[145], erhält hier eine eindrucksvolle Bestätigung.

b) Die Restitutionslehre im Zusammenhang mit der Regula IV

Lenken wir nunmehr den Blick auf die inhaltliche Darstellung der Restitutionslehre im Zusammenhang mit der Regula IV. Auch hier ist wieder die *Glosse* von bestimmender Bedeutung geworden: Sie schnei-

---

[140] a.a.O. (Fn. 127), Tom. III, S. 420, nr. 1. Im Ergebnis akzeptiert er aber die in den Digesten gegebene Definition des *Paulus,* a.a.O., nr. 3.

[141] a.a.O. (Fn. 129), Ad Rubricum huius Tituli, nr. 2.

[142] a.a.O. (Fn. 113/112). Zu den entsprechenden Ansichten der Kommentatoren s. *Stein,* a.a.O. (Fn. 96), S. 153 f. Danach spricht *Baldus* in diesem Zusammenhang von einem prima-facie-Beweis.

[143] a.a.O. (Fn. 126), S. 29, nr. 108. Ähnlich alle anderen Autoren dieser Zeit, vgl. z. B. *Reiffenstuel,* a.a.O. (Fn. 132), Prooemium in generale, nr. 13: ... quia in dubio potior est causa illius, pro quo stat Regula, cum habeat intentionem pro se fundatam in Jure, ...

[144] Vgl. *Wieacker,* a.a.O. (Fn. 38), S. 208.

[145] Vgl. seinen Aufsatz: Zur Herkunft und Ableitung der Formel „Habere fundatam intentionem", in: Festschr. H. Krause, 1975, S. 126 ff., sowie: Studien zur Rechtsanwendungslehre der Rezeptionszeit, 1977, S. 6 ff., 161 ff., 178 ff.

1. Die rechtswissenschaftliche Erörterung der Regulae iuris

det eine Reihe von Fragen an, die in der folgenden Zeit zu einem ziemlich fest umrissenen Katalog schadensrechtlicher Probleme zusammengefaßt und in allen späteren Werken diskutiert werden.

Zum Begriff des „ablatum" wird von vornherein klargestellt, daß es nicht nur um die Rückerstattung von Diebesgut geht, sondern um *Schadensersatz im weitesten Sinne,* und zwar immer, wenn die Gerechtigkeit beeinträchtigt ist. So heißt es in der gl. ablatum:

> pone. nihil abstuli, sed damnum dedi, ex quo nihil ad me pervenit. Idem teneor, enim damnum passo: alias non remittitur peccatum.

Etwa 350 Jahre später klingt das bei *Strein* ziemlich ähnlich:

> Ultima pars „nisi restituatur ablatum" ampla sumenda est, pro quolibet damno positivo et negativo formuli, et virtuali. Omnia enim per quod contra justitiam laesus est proximus: pari sunt obligatione compensanda ... Nam ... ex quaelibet justitiae laesione nascitur restituendi obligatio...[146].

Auch *Peck* hat keine Zweifel, daß

> latior est tamen vis et efficacia huius capitis, quam ut ad solos praescriptionis illius terminos restringatur...

und er führt sodann eine Reihe von Fällen an, in denen eine Restitutionspflicht entsteht, z. B. für den bestochenen Richter, für den Jüngling, der eine Jungfrau verführt, für den Verleumder, für den Wucherer[147].

Die schadensrechtlichen Probleme, die die Kanonisten erörtern, sind genauso vielfältig und schwierig wie heute. Es geht um Verschuldensfragen, Täterschaft und Teilnahme, Erbenhaftung, Schulderlaß und Unvermögen zur Leistung, Art und Umfang des Schadens sowie die Modalitäten der Ersatzleistung. Im Zusammenhang des hier gestellten Themas soll uns *nur* die Frage nach der *Art der Restitution* interessieren. Die Antwort ist einfach, sie wird von allen Kanonisten in der gleichen Weise gegeben: In erster Linie ist *Restitution in natura* zu erbringen; erst wenn dies nicht möglich ist, ist *Wertersatz* zu leisten. In der gl. peccatum non dimittitur wird das so ausgedrückt:

> Quod autem dicitur in hac regula, verum intelligas, si illud ablatum restitui potest ... si autem restitui non potest, restituetur eius aestimatio: etiam si res illa casu perierit sine culpa sua: quia in ipso instanti fuit in mora.

In den späteren Darstellungen wird dieses Problems stets nur kurz gedacht, da die Lösung allzu selbstverständlich ist. Es heißt dann nur noch (restitutio) „per ipsius rei ablatae redditionem (vel) per ipsius

---

[146] a.a.O. (Fn. 130), Comm. ad reg. IV, nr. III (S. 37).
[147] a.a.O. (Fn. 129), Comm. ad reg. IIII, nr. 1 (S. 28).

pretium" *(Strein)*[148] oder „restituere vel damnum resarcire" *(Reiffenstuel)*[149].

2. Die theologische Behandlung der Restitutionslehre

Die Untersuchung der rechtswissenschaftlichen Diskussion über die Regula IV des Liber Sextus darf an sich nicht abgeschlossen werden, ohne daß die Frage erörtert worden ist, ob denn nunmehr die *Restitutionslehre* reines *Zivilrecht* geworden ist. In der Tat kann man diese Überzeugung gewinnen, wenn man sieht, daß von den Kanonisten ohne weiteres auch im Rahmen der Regula IV die kirchengesetzlich vorgesehene *Erbenhaftung* bei einer Deliktschuld (X 5.17.5; 3.28.14) und damit deren Entpönalisierung akzeptiert wird[150], oder daß bereits die *Glosse* keine moralischen Zweifel hat, die Restitutionspflicht zu verneinen, wenn der Gläubiger die *Schuld erläßt*[151], obwohl doch z. B. die Sünde des Diebstahls damit ja noch nicht aus der Welt geschafft worden ist.

Der Betrachter wird allerdings mit seinem Urteil vorsichtiger, wenn er bei den Kanonisten auf die Behandlung der Frage stößt, ob im Falle einer *nicht verschuldeten Verarmung* Wertersatz zu leisten sei[152], oder die Erkenntnis gewinnt, daß eine Restitutionspflicht nur befürwortet wird, wenn dem Schädiger *culpa theologica* zum Vorwurf gemacht werden kann, also dolus und culpa lata; eine Haftung bei culpa levis und levissima soll dagegen nicht bestehen, es sei denn, es ist ein gerichtliches Urteil ergangen[153]. Hier spielen zweifellos *moraltheologische Gesichtspunkte* eine Rolle.

Handelt es sich also bei der Regel IV doch nicht um Recht, obwohl sie nach der eindeutigen Titelbezeichnung des Liber Sextus eine Regula *iuris* ist? In der *Glosse* heißt es am Ende:

Haec regula sic exposita, non patitur instantiam[154].

---

[148] a.a.O. (Fn. 130), Comm. ad reg. IV, nr. III (S. 37).
[149] a.a.O. (Fn. 132), Reg. IV nr. 2
[150] Vgl. *Wolter*, a.a.O. (Fn. 74), S. 13.
[151] Gl. restituatur, unter Berufung auf das römische Recht; ebenso z. B. *Dominicus (Cardinal) Tuschus*, Practicae conclusiones iuris, tom. VII, Rom 1607, conclusio CCCIII nr. 5; *Reiffenstuel*, a.a.O. (Fn. 132), Reg. IV nr. 10.
[152] So z. B. gl. peccatum non dimittitur; *Dinus*, a.a.O. (Fn. 95), In reg. peccatum (IV), nr. 8 und 9, oder *Petrus de Ancharano*, a.a.O. (Fn. 119), De reg. iur. cap. IIII nr. 7. Der Grundgedanke kommt bereits in der Dekretale Alexanders III. X 5.19.5 zum Ausdruck: Illi autem, qui non habent in facultatibus, unde usuras valeant restituere, non debent ulla poena mulctari, quam eos nota paupertatis evidenter excuset.
[153] Vgl. *Reiffenstuel*, a.a.O. (Fn. 151); *ders.*, Ius canonicum universum, Tom. I, Ingolstadt 1740, Lib. II Tit. XXXVI § 2; *Schmier*, a.a.O. (Fn. 126), Supplementum ad Tractatum praeambulum, cap. 2 qu. 2 nr. 9 - 14, Bd. 3, Supplement S. 13. Vgl. zu dem Problem *Schindler*, a.a.O. (Fn. 64), S. 620 ff.
[154] Gl. ablatum.

2. Die theologische Behandlung der Restitutionslehre

Reiffenstuel macht klar, wo die Problematik hingehört:

Per verbum autem „non dimittitur" intelligitur dimissio tam quo ad culpam, quam ei annexam paenam aeternam (in materia gravi) coram Tribunali Divino...[155].

Es ist also das göttliche Gericht, das *forum conscientiae* oder *forum internum*, vor dem die Restitutionsfragen abgehandelt werden müssen, und damit nicht das *forum externum*, manchmal auch *forum contentiosum* genannt. Ob und welche Besonderheiten sich aus dieser Zuweisung zum forum internum ergeben, muß uns daher als nächstes beschäftigen.

a) Die Beichtjurisprudenz

Die Entwicklung, die zu dem Begriffspaar forum internum — forum externum führte, ist von der Bußtheologie um die Wende zum 13. Jahrhundert ausgegangen. Das Verhältnis beider zueinander ist eindrucksvoll von *Winfried Trusen* beschrieben worden[156], und ich kann mich auf die Wiedergabe seiner Untersuchungsergebnisse beschränken.

Das 4. Laterankonzil unter *Innozenz III.* legte im Jahre 1215 für jeden (zu den Unterscheidungsjahren gekommenen) Christen die Beichtpflicht fest, die zumindest einmal im Jahr vor dem zuständigen Geistlichen zu erfüllen war[157]. Daraus ergab sich naturgemäß ein selbständiger Aufgaben- und Zuständigkeitsbereich, der von *Thomas von Aquin* in Abgrenzung zu dem von ihm sog. forum exterius als forum conscientiae bezeichnet wurde, in der späteren Zeit jedoch den Namen forum internum erhielt und vom forum externum abgegrenzt wurde[158].

In stärkerem Maße, als es vorher geschehen war, mußte sich nunmehr der Beichtvater mit Rechtsfragen auseinandersetzen, die Gegenstand eines peccatum sein konnten. Hier kommt es jetzt zu einem beschleunigten „Einbruch der Jurisprudenz in die Praxis des forum internum"[159], der schließlich zu einer weitgehenden *Verrechtlichung* der Beichtlehre führte, so daß man geradezu von einer *Beichtjurisprudenz* sprechen kann. Die Grundlage hat hier vor allem *Raymund von Peña-*

---

[155] a.a.O. (Fn. 132), Reg. IV nr. 3.
[156] Anfänge des gelehrten Rechts in Deutschland, 1962, S. 135 ff.; Forum internum und gelehrtes Recht im Spätmittelalter, in: SavZRG Kan. Bd. 88 (1971), S. 83 ff., sowie in: *Coing* (Hrsg.), Handbuch (Fn. 65), S. 495 ff. Vgl. auch C. *Bergfeld*, in: *Coing* (Hrsg.), Handbuch Bd. II/1, 1977, S. 999 ff., mit zahlreichen Literaturhinweisen.
[157] X 5.3.12.
[158] Vgl. *B. Fries*, Stichwort „Forum", in: Lexikon f. Theol. u. Kirche, Bd. 4, 1960, Sp. 224 f.
[159] *Trusen*, Forum internum, S. 90.

forte mit seiner bereits genannten Pönitentialsumme[160] geschaffen. Sie ist ganz entscheidend vom kanonischen und römischen Recht geprägt, und sie wurde gerade in dieser Hinsicht Vorbild für die späteren „Summae confessorum": diese sind nicht nur auf das forum internum ausgerichtet, sondern behandeln auch Materien, die im forum externum der Kirche Bedeutung haben können.

Für das Verhältnis beider fora gilt damit folgendes[161]: Forum internum und forum externum sind nur Abgrenzungen des Wirkungsbereichs der Kirche. Die Unterscheidung der zwei fora bringt keine Gewaltunterscheidung mit sich; in beiden wird *die gleiche iurisdictio ecclesiastica* ausgeübt. Die innige Verwobenheit beruht auf der Konzeption einer *societas christiana*, die zugleich corpus mysticum wie rechtlich verfaßte Gemeinschaft auf Erden ist[162].

Die Konsequenz für die Bewertung des Wesensgehalts der Regula IV des Liber Sextus liegt damit auf der Hand: Die Tatsache, daß die Restitutionsfragen unter dem Gesichtspunkt eines peccatum vor dem forum internum abzuhandeln sind, nimmt der Regula nicht die Qualität des Rechtlichen. Anders wäre auch gar nicht zu erklären, daß der Papst die Augustinus-Parömie in die Reihe der Regulae iuris aufgenommen hat. Ohne Bedeutung ist die Tatsache, daß die Rechte im forum externum durchsetzbar sind und im forum internum nicht; die Erzwingbarkeit im forum internum ist kein Wesensmerkmal des Rechts[163]. Ist auf der einen Seite also der Rechtscharakter gar nicht zu bestreiten, so bleibt auf der anderen Seite die Theologie als Bezugspunkt für die Interpretation der Rechtsregel erhalten. Die Juristen bringen das auch oft zum Ausdruck, indem sie gerne zur vertiefenden Erkenntnis der Regula IV auf die Schriften der Theologen verweisen[164].

Das konnten sie tatsächlich auch mit voller Berechtigung tun. Denn gerade die *Restitutionslehre* ist von den *Theologen* in der hier behandelten Zeit, also im späten Mittelalter und in der frühen Neuzeit, in einer faszinierenden, bisweilen aber auch ermüdenden Ausführlichkeit erörtert worden. Dabei ist der pastorale Charakter fast völlig in den

---

[160] s. oben Fn. 39.
[161] Vgl. *Trusen*, Forum internum, S. 96.
[162] Vgl. zu dieser Problematik, die gerade heute nach dem 2. Vatikanischen Konzil wieder aktuell geworden ist, *Wolter*, FamRZ 1982, S. 973 ff., 978 f. mit zahlreichen Hinweisen auf die moderne Literatur.
[163] Vgl. *Otte*, a.a.O. (Fn. 23), S. 13 f.
[164] So z. B. *Reiffenstuel*, a.a.O. (Fn. 132), Reg. IV nr. 10: Quibus similes causas alias plures reperire est apud Theologos. Er selbst hat in seiner „Theologia moralis", Mutinae 1758, einen Tractatus (IX) mit dem Titel „De praeceptis decalogi, ubi de restitutione" veröffentlicht. Auf die Theologen verweist auch *Dantoine*, a.a.O. (Fn. 134), S. 41: Ceux, qui voudront pénétrer plus avant dans ce sujet, pourront consulter les casuistes, und er zitiert den spanischen Spätscholastiker Martino de Azpilcueta (Navarrus).

2. Die theologische Behandlung der Restitutionslehre

Hintergrund gedrängt. Die schon in der Frühscholastik einsetzende und bei *Thomas von Aquin* sich verfestigende *Verrechtlichung der theologischen Literatur* setzt sich fort[165]. Es überwiegen die rechtlichen Elemente so sehr, daß man eher von juristischen Kompendien als von theologischen Werken sprechen kann. Das betrifft zum einen die in dieser Zeit blühende Literaturgattung der *Beichtsummen*, die vor allem von Dominikanern und Franziskanern als den mit der Abnahme der Beichte befaßten Seelsorgern geschrieben worden sind[166]. Die erste, höchst bedeutsame Summe, die des *Raymund von Peñaforte*, ist nach und nach durch andere verdrängt worden. Vor allem vier Summen müssen hier genannt werden: die aus dem Anfang des 14. Jahrhunderts stammende „Astesana"[167] sowie die gegen Ende des 15. Jahrhunderts verfaßten Summen des *Baptista de Salis*, Baptistiniana sive Rosella casuum genannt[168], des *Angelus de Clavisio*, die Summa angelica genannt[169], sowie des *Sylvester Prierias*, Summa sylvestrina genannt[170]. Diese Werke erfreuten sich einer großen Verbreitung. Die Summa angelica war offenbar so angesehen und wichtig, daß *Luther* sie als „summa plus quam diabolica" bezeichnete und sie zusammen mit dem Corpus iuris canonici vor dem Elstertor zu Wittenberg verbrannte[171].

Die Restitutionslehre erhielt in allen Werken eine gründliche Erörterung. Als markante Beispiele seien die *Summa angelica*[172] und die *Sylvestrina*[173] herausgegriffen. Beiden Werken ist gemeinsam, daß die für die Beichtstuhlpraxis wichtigen Stichwörter alphabetisch geordnet sind. Unter dem Stichwort „restitutio" werden also die hier interessierenden Fragen diskutiert.

Beide beginnen mit einer Definition des Begriffes, wobei sich die Angelica mit den in den römischen und kanonistischen Rechtsquellen

---

[165] Vgl. *J. Theiner*, Die Entwicklung der Moraltheologie zur eigenständigen Disziplin, 1970, S. 49 ff., 298 ff. (am Beispiel der spanischen Jesuiten).
[166] Vgl. zum folgenden *Trusen*, Anfänge (Fn. 156), S. 142 ff.
[167] Vgl. *Schulte*, a.a.O. (Fn. 39), S. 425 f.
[168] Vgl. *Schulte*, a.a.O. (Fn. 39), S. 448 - 450.
[169] Vgl. *Schulte*, a.a.O. (Fn. 39), S. 452 f. *Angelus* hat zudem noch einen „Tractatus de restitutionibus" verfaßt, der 1771 von seinen franziskanischen Ordensbrüdern in Rom veröffentlicht worden ist. Der an sich nicht allzu umfangreiche Traktat ist von den Herausgebern mit einem ausgedehnten Anmerkungsapparat versehen, in den die gesamte — vor allem auch spätscholastische — Literatur aufgenommen worden ist, so daß dieses zweibändige Werk als äußerst wertvolle Informationsquelle zur Erforschung der Restitutionslehre angesehen werden muß.
[170] Vgl. *Schulte*, a.a.O. (Fn. 39), S. 455 f.
[171] So *Trusen*, Forum internum (Fn. 156), S. 126.
[172] Druck: Summa angelica reverendi patris fratris Angeli de clavisio.
[173] Druck: Summa quae summa summarum merito nuncupatur, Venedig 1619.

gebrauchten parallelen Begriffen redditio, emendatio und satisfactio befaßt[174], während die Sylvestrina die restitutio in integrum von dem allgemeinen Begriff der restitutio abgrenzt; unter dem Stichwort „satisfactio" erklärt *Sylvester Prierias* zu der immer wieder diskutierten Frage, wie sich die satisfactio des Bußsakraments zur restitutio verhalte, eindeutig, daß die letztere nicht Teil der ersteren sei[175]. Sodann folgt bei beiden die inhaltliche Darstellung; entsprechend einem journalistischen Merkspruch läßt sich sagen, daß ausführlich erörtert wird, „wer, an wen, was, wo, wann, wie" zurückzuerstatten hat. Dagegen werden hier die einzelnen Haftungstatbestände, wie furtum, rapina oder usura, nur partiell behandelt; ausgiebige Erörterungen sind unter den entsprechenden Stichwörtern zu finden. In der Darstellungsweise der Probleme selbst unterscheiden sich beide Summen ganz erheblich. Die Angelica erfaßt die verschiedenen Aspekte alphabetisch, während die Sylvestrina zusammengehörige Komplexe unter einzelne Fragen geordnet diskutiert. Die letztere Vorgehensweise gibt zweifellos einen vertieften wissenschaftlichen Einblick, während die erstere einen ziemlich erleichterten Zugang zu den einzelnen Problemen verschafft.

b) Die Moraltheologie, insbesondere die spanische Spätscholastik

Der Vorgang der Verrechtlichung der Theologie zeigt sich nicht nur in den Beichtsummen, sondern auch in den *moraltheologischen Werken* nach *Thomas von Aquin*. Die Darstellungen der Restitutionslehre gründen sich auf die Behandlung dieses Themas durch den Aquinaten. Selbst *Duns Scotus* (um 1265 - 1308), der ja sonst in wesentlichen Punkten durchaus abweichender Meinung ist[176], stimmt hier mit ihm im wesentlichen überein[177]. Eine der bedeutendsten Kommentierungen seiner gesamten „Summa theologica" hat *Thomas* am Beginn des 16. Jahrhunderts durch Kardinal *Cajetan* erhalten, und hier ist dann auch eine beachtliche Erläuterung der Restitutionslehre zu finden[178].

Unser besonderes Augenmerk müssen wir auf die *spanische spätscholastische Theologie* des 16. und beginnenden 17. Jahrhunderts rich-

---

[174] Vgl. dazu auch *Dominicus (Cardinal) Tuschus*, a.a.O. (Fn. 151), conclusio CCCII.

[175] a.a.O. nr. 10. Er fährt dann fort: et si sit pars satisfactionis, ut quidam dicunt, est ex misericordia Dei ... non ex iustitia. Auch *Dominicus Soto*, De iustitia et iure, Antwerpen 1569, lib 4 qu. 6 art. 1, *Gabriel Vasquez*, Tractatus de restitutione (s. unten Fn. 181), cap. I nr. 3, oder *Lessius*, a.a.O. (Fn. 30), nr. 18, halten an dieser Unterscheidung fest.

[176] Zu ihm s. das entsprechende Stichwort in: Lexikon f. Theol. u. Kirche, Bd. 3, 1959, Sp. 603 - 605 *(K. Balić)*.

[177] In seinem Sentenzenkommentar erörtert er die Restitution in Lib. 2 Dist. 15 qu. 2. Veröff. in: Opera omnia, editio nova, iuxta editionem Waddingi XII tomos, Bd. 18, Paris 1894, S. 255 ff.

[178] s. oben Fn. 63.

2. Die theologische Behandlung der Restitutionslehre

ten. Denn die von *Hans Thieme* gestellte Frage, ob hier nicht unter der Flagge der Moraltheologie in Wahrheit Jurisprudenz getrieben wird[179], beantworten wir heute positiv, und wir haben auch keinen Zweifel daran, daß von hier starke Einflüsse auf die weitere Entwicklung gerade auch des Privatrechts ausgegangen sind.

Mit der Restitutionslehre haben sich alle bedeutenden spanischen Spätscholastiker befaßt, von dem ersten wichtigen Repräsentanten, dem Theologieprofessor in Salamanca *Francisco de Vitoria* (1492 - 1546) am Beginn des 16. Jahrhunderts, über seine nur wenig jüngeren Kollegen *Dominicus Soto* (1494 - 1560) und *Martino de Azpilcueta* (1493 - 1586), der wegen seiner späteren Tätigkeit in Navarra den Beinamen *Navarrus* erhielt, den Bischof von Segovia, *Diego Covarrubias y Leyva* (1512 - 1577) und den berühmten Jesuiten *Louis Molina* (1535 - 1600) bis zu seinem Ordensbruder *Gabriel Vasquez* (1551 - 1604) um die Wende zum 17. Jahrhundert[180]. Die Darstellung der Restitutionslehre nehmen sie an ganz unterschiedlichen Stellen vor, teilweise im Zusammenhang mit ihren großen moraltheologischen Werken, teilweise in davon gesonderten Abhandlungen[181].

Es wäre zu weitgehend und brächte für unser Thema auch nicht allzu viel, wenn man auf jede dieser Darstellungen eingehen würde. Beschränken wir uns deshalb auf die des „spanischen Bartolus", des *Covarruvias*, aus der Mitte des 16. Jahrhunderts. Sie hat offenbar einen beachtlichen Einfluß auf *Grotius* gehabt[182]. Welche überragende Anerkennung sie gefunden hat, geht auch aus der Tatsache hervor, daß sie in einer gekürzten Fassung den von *Samuel Stryk* herausgegebenen „Praelectiones ad regulas iuris canonici" von *Johannes Brunnemann* als Anhang zur Regua IV beigegeben worden ist[183].

Bezugspunkt der Darstellung der Restitutionslehre ist bei *Covarruvias* die Regula IV des Liber Sextus[184] — was nicht erstaunlich ist, da er doctor iuris canonici war. In dem Proömium seiner „Relectio" zu der Rechtsregel bringt er seine Sympathie für das Recht zum Ausdruck:

---

[179] Natürliches Privatrecht (Fn. 22), S. 236.
[180] Fast alle Autoren werden bei *Thieme*, in: SavZRG Germ. Bd. 70 (Fn. 22), dargestellt, *Vitoria* von G. *Otte*, a.a.O. (Fn. 23); im übrigen kann auf C. *Bergfeld*, a.a.O. (Fn. 23), S. 1016 ff., verwiesen werden.
[181] Die einschlägigen Werke werden von *Nufer*, a.a.O. (Fn. 27), angegeben; das wichtige Werk von G. *Vasquez*, Tractatus de restitutione in foro conscientiae, in: Opuscula moralia, Antwerpen 1617, S. 59 - 278, findet allerdings nur auf S. 9 durch Hinweis auf *Thieme* Erwähnung.
[182] Vgl. *Thieme*, Natürliches Privatrecht (Fn. 22), S. 244: s. sogleich VII. 1.
[183] Vgl. oben Fn. 133.
[184] Regulae „peccatum" de regulis iuris, Libro Sexto, relectio, in: Opera omnia, Antwerpen 1638, S. 455 - 510.

Wenn auch in dieser Sache von ihm vieles von den Theologen, die sehr gründlich die Materie darzustellen versuchten, entliehen worden sei, so werde er doch überall Entscheidungen beider Rechte anführen, da er der Auffassung sei, daß hauptsächlich aus diesen die Verpflichtung zur Restitution bewiesen oder abgeleitet werde, abgesehen davon, daß diese Pflicht ihren natürlichen Grund von der aequalitas habe, die ihrerseits in ihrem Wesen mit der Tugend der iustitia übereinstimme[185].

Grundlegende Aussagen macht er zu Beginn des zweiten Teils der „Relectio".

Restitutio laesioni opponitur: nam et ea illud reddit, quod laesio abstulerat, heißt es einleitend auf die Frage „quid sit restitutio: atque unde procedat, quasque radices habeat". Mit dem Hinweis auf die laesio als Gegenstück zur restitutio ist ein Begriff angeführt, der später in der naturrechtlichen Schadenslehre zentrale Bedeutung erhalten wird. Von vornherein stellt *Covarruvias* klar, daß die Wiedererstattung ein Akt der iustitia commutativa ist, und er beruft sich dabei auf *Thomas von Aquin*. Er akzeptiert auch dessen Einteilung, indem er ausführt, daß die restitutio zwei Wurzeln habe, nämlich die acceptatio und die res accepta. Über die Art der Wiedergutmachung der laesio läßt der Autor keinen Zweifel aufkommen: sie hat durch Rückgabe des Weggenommenen zu erfolgen; darüber hinaus ist aber auch der entgangene Gewinn zu erstatten:

> Laesio autem aliter quam per ablati redditionem tolli nequit: igitur necessaria est ipsa restitutio, cum quis per acceptationem iniquam proximum laeserit ... In hac autem regula (= die 4. Rechtsregel des Liber Sextus) nomen Acceptationis continet non tantum ablatum illud, cum quid a proximo ex propriis eius rebus aufertur: sed et damni illationem in eo, quod proximus habet, vel habere sperat, aut sibi debetur, lege iustitiae: tametsi damnum inferens nihil ex hoc utilitatis aut commodi accipiat. Nam qui alteri damnum in hac specie dat, procul dubio auferre censetur ab altero id in quo eum laedit ...[186].

Für *Covarruvias* ist es klar, daß er eine allgemeine Schadenslehre darstellt:

> damnum vero infertur alicui variis modis, per occupationem inquam propriae rei, per eiusdem rei detentionem, atque item per impedimentum, ne quis assequatur, quod ei debitum est: in summa reducitur laesio his modis contingens ad alicuius boni privationem, cum is, qui detinet alienam rem, aut alteri debitam, eam videatur ab altero abstulisse: et eadem ratione, qui impedit, ne quis absequatur bonum aliquod, plane dicitur bonum hoc ab altero auferre[187].

---

[185] Qua in re etsi a Theologis, qui tractatum istum radicitus conati sunt explicare, multa sint a nobis mutuanda: iuris tamen utriusque decisiones passim in medium adducemus: quippe qui opinemur ex eis potissimum restitutionis obligationem vel probari, vel induci, praeterquam quod ea moris naturalis rationem habet ab aequalitate, quae iustitiae virtuti proprie convenit (a.a.O., S. 455).

[186] Pars 2, Initium nr. 2 unter Regula de illicita acceptatione (S. 463 l. Sp.).

[187] Pars 2, Initium nr. 1 (S. 463 l. Sp.).

2. Die theologische Behandlung der Restitutionslehre 59

Demgemäß behandelt er im folgenden — und das macht den größten Teil der „Relectio" aus — die wichtigsten Schadensfälle, so aus furtum und rapina; aus der turpitudo, insbesondere einer meretrix; aus rechtswidrigen Amtshandlungen, insbesondere des Richters; aus unerlaubtem Spiel; aus unrechtmäßiger Abgaben- und Steuererhebung: die Reihe der Schadensfälle ist sehr bunt, sie reicht hin bis zu Fragen der Knechtschaft bzw. Versklavung von Gefangenen im Kriege. Der Katalog ist allerdings nicht neu; in ähnlicher Weise ist ein solcher bereits bei *Raymund von Peñaforte* und *Hostiensis* erstellt worden[188].

Zur Veranschaulichung kann dieser Bericht über die „Relectio" des *Covarruvias* genügen. Als *wichtiges Ergebnis für unser Thema* läßt sich feststellen, daß *alle Scholastiker* das Prinzip der *Naturalrestitution* als *vorrangig* behandeln: Als Schadensersatz ist immer erst das Erlangte zurückzuerstatten oder ein Äquivalent zu leisten; erst wenn das nicht möglich ist, ist eine Ästimation vorzunehmen. Entsprechend ihrem Sinn für das Wirtschaftlich-Praktische befürworten einige Scholastiker einen Anspruch auf Geldleistungen trotz möglicher Ersatzlieferung dann, wenn der Eigentümer in einer Zeit schwankender Preise sein Eigentum günstig hätte verkaufen können[189]. Der auch in Deutschland tätige *Gregor von Valencia* (1549 - 1603) gibt dem Gläubiger sogar ein Wahlrecht[190].

---

[188] s. oben bei Fn. 39 und 70 bis 73.
[189] Vgl. *Nufer*, a.a.O. (Fn. 27), S. 51 f.
[190] Zu ihm s. *Nufer*, a.a.O., S. 79 f.

VII. Naturrecht und Usus modernus

Richten wir nunmehr den Blick auf das weltliche Recht. Hier lassen sich beachtliche Einflüsse der Restitutionslehre vor allem auf das Naturrecht feststellen; aber auch an Wissenschaft und Praxis der Usus modernus ist die Lehre nicht vorbeigegangen.

1. Naturrecht

Die inzwischen gewonnene Einsicht in die Bedeutung der spanischen Spätscholastik für die Entwicklung des Rechts, insbesondere auch des Privatrechts, schlägt sich vor allem in der Erkenntnis nieder, daß ihr Einfluß auf das (weltliche) Naturrecht größer war, als es noch bis in die Mitte unseres Jahrhunderts weithin angenommen worden ist. Sieht man sich die Schadenslehre des *Hugo Grotius* (1583 - 1645) an, so kann man — vor allem nach den Untersuchungen von *Günther Nufer*[191] — daran keinen Zweifel haben.

In seinem 1623 vollendeten Hauptwerk „Die iure belli ac pacis libri tres"[192] handelt Grotius in Buch 2 Kap. 17 „De damno per iniuriam

---

[191] a.a.O. (Fn. 27), S. 68 ff. — Zur *Schadenslehre des Naturrechts* s. *Hans Jentsch*, Die Entwicklung von den Einzeltatbeständen des Deliktrechts zur Generalnorm ... 1939, S. 5 ff.; *Walter Pennrich*, Der Inhalt des Schadensersatzes im Naturrecht des 17. und 18. Jahrhunderts, Diss. Göttingen 1963; *Wieling*, a.a.O. (Fn. 26), jeweils im Abschnitt B eines jeden Kapitels. Weitere Literaturangaben bei *Floßmann*, a.a.O. (Fn. 19), S. 279. — Gerade *Pennrich* behandelt — trotz dem Hinweis auf die Bedeutung der spanischen Spätscholastiker für *Grotius* (S. 17 f.) — nur die römischrechtlichen Bezüge und befindet sich in einer Aporie, wenn ein solcher sich nicht herstellen läßt: *Daß* sich die Naturrechtler kaum mit dem Interesse-Begriff befassen (S. 110), erklärt sich vielleicht daraus, daß er auch bei den Scholastikern weithin unbeachtet bleibt; *daß* Tatbestände wie adulterium oder stuprum dem „kanonischen Recht" entnommen sind, wird angedeutet (S. 111 Fn. 2), aber nicht hinterfragt; daß *Schrader* (s. unten bei Fn. 206) der Naturalherstellung den Vorrang einräumt, hat vielleicht auch mit „einer im deutschen Volk überlieferten Rechtsanschauung" zu tun (S. 112), die scholastische Restitutionslehre sollte aber nicht vergessen werden; und *daß* sich die Naturrechtler auf das Deliktsrecht beschränken (S. 19), hat vielleicht etwas mit der oben (III. 3) beschriebenen Tendenz der Scholastik im 16. Jahrhundert zu tun, die vertraglichen Erstattungspflichten aus der Restitutionslehre auszuscheiden. Es handelt sich zweifellos um eine Reihe von schwierigen Fragen, die *Nufer*, a.a.O. (Fn. 27), S. 16 ff., in einer durchaus beachtlichen Übersicht zu beantworten versucht hat, die aber — in einzelne Themenkomplexe aufgegliedert — dogmengeschichtlich noch umfassender und vertiefter untersucht werden müßten.

[192] Hier wurde eine 1751/52 in Lausanne erschienene Ausgabe mit Bem. v.

1. Naturrecht

dato, et obligatione, quae inde oritur". Einleitend erklärt er, daß das maleficium neben der pactio und der lex ein „fons eius, quod nobis debetur", sei, mit der Folge, daß „culpam obligare ad restitutionem damni". Die folgenden Ausführungen über Schaden, austeilende Gerechtigkeit als auszugrenzendem Gesichtspunkt, entgangenen Gewinn und Kausalität sowie der dann anschließende Katalog von Schadensfällen, wie Totschlag, Ehebruch und Unzucht, Diebstahl und Raub bis hin zur Ehrverletzung entsprechen in vielen Aspekten den Darlegungen der Theologen, insbesondere der spanischen Spätscholastiker. Daß *Grotius* hieraus geschöpft hat, gibt er selbst durch die Randzitate zu erkennen. Im wesentlichen sind es nur die jüngeren Scholastiker, die er erwähnt: vor allem den niederländischen Jesuiten *Leonhard Lessius* (1554 - 1623), der als spanischer Untertan der spanischen Spätscholastik ganz nahe stand[193], dann aber auch sehr häufig *Covarruvias* und *Soto* sowie *Thomas* und dessen Kommentator *Cajetan*. Die angegebenen Stellen sind alle den Darstellungen der Restitutionslehre entnommen, z. B. bei *Thomas* der „Summa" II/II q. 62 oder bei *Covarruvias* der „Relectio" zur Regula iuris IV. Kanonisten oder gar weltliche Juristen werden überhaupt nicht zitiert[194].

Samuel Pufendorf (1632 - 1694) bringt in seiner Schadenslehre in der Substanz gegenüber *Grotius* nichts Neues. Eine Besonderheit liegt allerdings darin, daß er sie in seine *Pflichtenlehre* einbettet („De officio quorumlibet erga quoslibet")[195] — ein Gesichtspunkt, der für viele nachfolgende Naturrechtler maßgeblich wurde. Der entscheidende Grund der Schadenspflicht ist danach der „ne quis alterum laedat"; die Folge ist „ut, si quod damnum alteri dederit, id reparet". Zur Begründung

---

J. F. Gronovius und *J. Barbeyrac* sowie einem Kommentar v. *H. v. Cocceji* benutzt.

[193] Zu ihm und seinem Werk s. oben Fn. 30. Die Restitutionslehre erhält bei ihm eine ausgiebige Darstellung in Lib. II sectio II „De iniuriis et damnis in omnibus humanorum bonorum in genere et necessaria restitutione", cap. 7 bis cap. 16 des Liber II, S. 74 - 195. *Nufer*, a.a.O. (Fn. 27), S. 72, hält die Übereinstimmung des *Grotius* mit *Lessius* für so augenfällig, „daß man Grotius geradezu mit dessen ‚Justitia et Jure' neben seinem Manuskript zu sehen glaubt". Die weitgehende Gemeinsamkeit wird auch von *R. Feenstra*, Grotius und das europäische Privatrecht, in: Rechtspflegerblatt 1980, S. 17 ff., bestätigt.

[194] *Thomasius* hat die häufige Berufung des *Grotius* auf die Scholastiker als Schläue bezeichnet, da *Grotius* sich nicht habe mit den Papisten anlegen wollen, vgl. dazu *Thieme*, Natürliches Privatrecht (Fn. 22), S. 264 ff.; *Otte*, a.a.O. (Fn. 23), S. 2.

[195] De officiis hominis et civis iuxta legem naturalem libri II, 1673, Lib. I cap. 6; hier ist die 1673 in Londini Scanorum veröffentlichte Ausgabe benutzt worden. Dieselbe Gedankenführung findet sich in seinem 1672 vollendeten Hauptwerk „De iure naturae et gentium libri VIII", und zwar in Lib. III cap. 1 „Ut nemo leadatur, et si quod damnum fuit datum, reparetur"; Ausgabe m. Kommentaren von *J. N. Hertius*, *J. Barbeyrac* und *G. Mascovius*, 1759, Nachdruck Frankfurt/M. 1967.

der Reparationspflicht fügt er einen interessanten tiefergehenden Aspekt hinzu:

> Gäbe es eine solche Rechtsfolge nicht, so wäre die Vorschrift, niemanden zu schädigen, sinnlos. Der Schädiger könnte nämlich die Früchte seines Unrechts sicher und ohne Abtrag genießen. Ohne die Notwendigkeit zur Restitution würden die Menschen in ihrer Schlechtigkeit niemals davon abgehalten werden, sich gegenseitig zu schädigen, und für den Geschädigten wäre es nicht leicht, auf sein Gemüt beruhigend einzuwirken, mit dem anderen in Frieden zu leben, solange er die Wiedergutmachung des Schadens noch nicht erhalten habe[196].

Vergleicht man diese Äußerungen mit dem „peccatum non dimittitur" des Augustinus-Wortes und der Regula IV des Liber Sextus, so wird deutlich, daß der tragende Grund für die Restitutionspflicht veräußerlicht worden ist: maßgebliche Gesichtspunkte sind der *Rechtsfrieden* und die *Abschreckung*.

In aller Deutlichkeit kommt der Traditionszusammenhang der naturrechtlichen Schadenslehre mit der scholastisch-kirchenrechtlichen Restitutionslehre in einer unter dem Präsidium des sächsischen Professors und Kurfürstlichen Rates *Werner Theodor Martinus* im Jahre 1673 vorgetragenen „Disputatio inauguralis de restitutione alieni injuste ablati" zum Ausdruck[197]. Das gilt nicht nur für die inhaltliche Ausgestaltung, die voll und ganz den spätscholastischen Erörterungen über dieses Thema gleicht. Vielmehr werden darüber hinaus die Wurzeln der Lehre eindeutig genannt:

> Haec obligatio igitur ad restituendam rem ablatam cum e recta ratione, quae et inter Gentes ius constituit, profluat, ac in Iure divino fundata, et civilibus legibus conscientiis hominum etiam imperantibus, munita sit, Theologos movit, ut sine ea aufferens nec remissionem peccati obtinere, neque salutem aeternam consequi possit; in qua sententia jam dudum fuisse etiam *D. Augustinus ex epist. 54 ad Maced.* constat, unde postmodum compilator Iuris canonici *c. 4. de R. J. in 6.* regulam extrusit: *peccatum non remitti* (sic!), *nisi ablatum restituatur.* Cui sententiae nec modernos Theologos, vel nostrates adversantes reperio[198].

---

[196] Ex hocce porro praecepto consequitur, si cui abs aliquo laesio sit illata, damnumque datum ullo modo, quod ipsi recte potest imputari; id, quantum eius fieri potest, ab eodem esse sarciendum. Cum alias vanum sit praecepisse, ne alter laedatur, si ubi de facto is laesus fuerit, damnum ipsi gratis sit deuorandum; et qui laesit, fructu suae iniuriae secure, et citra refusionem gaudere queat. Neque etiam citra necessitatem restitutionis abs se inuicem laedendis prauitas mortalium unquam abstinebit; nec qui damnum passus est, ei facile fuerit, animum ad agendam cum altero pacem componere, quamdiu istius reparationem non obtinuerit. — Jus naturae, Lib. III cap. 1 § 2; ähnlich: De officiis, Lib. I cap. 6 § 4.

[197] Disputant ist ein Dresdener namens *Heinrich Beinrad* gewesen, die Veröffentlichung ist in Wittenberg erfolgt.

[198] § 8 N. IV. Die Heraushebungen stammen vom Autor.

1. Naturrecht

Bezüglich der *Art des Schadensersatzes* ist ausgeführt worden, daß die frühen Naturrechtler nur den Geldersatz kennen würden[199]. Das erscheint jedoch fraglich. Richtig ist, daß die primäre Rolle, die das Naturalrestitutionsprinzip bei Kanonisten und Theologen spielt, bei *Grotius* und *Pufendorf* nicht in gleicher Weise zum Ausdruck kommt. Doch ist aus vielen ihrer Darlegungen zum Schadensrecht erkennbar, daß sie dieses Prinzip durchaus akzeptieren[200]. So führt *Pufendorf* in dem Abschnitt, in dem er zu der Frage „quid sit damnum" Stellung nimmt, aus, daß wer eines anderen Haus anzünde, dieses nicht nur wieder aufbauen lassen müsse (instaurare tenetur), sondern auch die verlorengegangenen Einkünfte erstatten müsse[201]. Bei *Grotius* zeigt sich das in aller Deutlichkeit vor allem in seiner 1631 abgeschlossenen „Einleitung in die holländische Rechtsgelehrsamkeit"; hier läßt er immer wieder bei den einzelnen Fällen des Deliktsrechts erkennen, daß er der Naturalherstellung durchaus Bedeutung beimißt, zumal ihm die Realexekution offensichtlich vertraut ist[202].

In der auf *Grotius* und *Pufendorf* fußenden Literatur in der zweiten Hälfte des 17. Jahrhunderts kommt das Naturalrestitutionsprinzip dann immer stärker als vorrangig zur Geltung. Das gilt bereits für *W. Th. Martinus* in der oben genannten Disputation[203]. Im Zusammenhang mit der Frage, an wen zu leisten sei, wird ausgeführt:

..., sed res ad aequalitatem justam secundum justitiam commutativam redigenda sit, et aufferens illam in eum statum, in quo ante ablationem fuit, reponere debeat, ad quem alium, quaeso, res ablata redire debet, quam ad me ejus pristinum dominum[204]?

Und auf die Frage, quomodo restitutio alieni injuste ablati comparata esse debeat, ut afferentem penitus liberet, wird erklärt, daß die Restitution vollständig (plenarie), identisch (identice), artgemäß (qualificate), verhältnismäßig (proportionaliter), sofort (subito) und freiwillig (sponte) erfolgen müsse[205].

Noch deutlicher wird das Prinzip der Erstattung in Natur in der unter *Philipp Ludwig Böhmer* als Präses von *Johann Georg Schrader* gefertigten und im Jahre 1697 in Helmstedt veröffentlichten Disserta-

---

[199] So *Wieling*, a.a.O. (Fn. 8), S. 158.
[200] Vgl. *Pennrich*, a.a.O. (Fn. 191), S. 22 ff., 36 ff., 111.
[201] Jus naturae, Lib. III cap. 3 § 3 (S. 300).
[202] Hier benutzt in der lateinischen Ausgabe von H. F. W. D. *Fischer*, Hugonis Grotii Institutiones iuris Hollandici, Haarlem 1962. Das Deliktsrecht ist in Lib. III Tit. 32 - 37 behandelt, die Erfüllung in Tit. 39.
[203] Fn. 197. Unzutreffend insoweit *Wieling*, a.a.O. (Fn. 8), S. 158.
[204] a.a.O., § 8 N. I.
[205] a.a.O., § 8 N. LVIII - LXII; vgl. dazu *Pennrich*, a.a.O. (Fn. 191), S. 44 f.

tion „De reparatione damni dati" betont[206]: Der reale Schadensersatz erfolge entweder durch Erstattung des Entzogenen, entweder in Natur oder durch ein Äquivalent, oder, wenn dies nicht geschehen könne, durch Ersatz des zugefügten Schadens, soweit dies möglich sei[207].

Eine feste Regel über das „Wie" des Schadensersatzes stellt auch *Christian Thomasius* (1655 - 1728) in seinem Naturrecht nach Pufendorf auf; sie entspricht der scholastischen Behandlung:

> Und hat demnach diesen Verstand: Das der verletzte wegen erlittenen Schadens / er sey nun verursacht auff was art und weise er wolle / entweder durch widererstattung des Dinges / oder wo dieses nicht geschehen kan / durch dessen Bezahlung mit erlegung des völligen Interesse, befriedigt werde[208].

Das läßt an Klarheit nichts zu wünschen übrig und wird die Formel, der sich viele spätere Naturrechtler anschließen. So kann man dann z. B. bei *Joachim Georg Darjes* (1714 - 1791), also in der 2. Hälfte des 18. Jahrhunderts, lesen:

> Was heißt den Schaden ersetzen? Resp. machen, daß die mala ex turbatione orta et mediata et immediata ceßiren ... Dieß geschieht:
>
> vel *per restitutionem:* Wenn ich das Genommene wieder gebe. Haec fieri potest
>
> *in genere:* indem ich jemandem ein Ding von der Art, der Güte, den Eigenschaften, als was ich genommen, wieder gebe, welches in effectu eineley ist, als wenn ich ihm das wiedergebe, was ich genommen.
>
> *in specie:* Wenn ich jemandem eben das individuum wiedergebe, das ich ihm genommen habe.
>
> vel *per satisfactionem:* Wenn ich ein aequivalent, quod quoad valor substitui ablato potest, wiedergebe[209].

---

[206] Die Dissertation ist aufgenommen in die „Dissertationes morales", Bd. I nr. 74. Siehe dazu *Pennrich*, a.a.O. (Fn. 191), S. 45 f.

[207] § XI: Satisfactio realis consistit in restitutione ablatorum vel in natura vel per aequivalens, vel si ne id quidem fieri potest, in Reparation damni dati, in quantum illa est possibilis. Hic non sufficit agnoscere peccatum, et rogare veniam, sed et restitutio ablati et damni emendatio est facienda. Auch bei diesem Autor finden — außer den juristischen Autoritäten seiner Zeit — sowohl *Augustinus* (§ XXVII) als auch *Thomas* (z. B. §§ VI oder VII) Berücksichtigung.

[208] Drey Bücher der Göttlichen Rechtsgelahrtheit, in welchen die Grundsätze des natürlichen Rechts nach denen von dem Freyherrn von Pufendorff gezeigten Lehrsätzen deutlich bewiesen ... nebst des Herrn Autoris allerneuesten Grundlehren Natur- und Völcker Rechts, Halle 1709/1710, 2. Buch 5. Hauptstück § 26 (S. 170 f.). Wenn er auch seine Auffassung gegenüber *Pufendorf* vielfach in seinen 1718 erschienenen „Fundamenta Juris Naturae et Gentium" geändert hat, so gilt dies nicht in bezug auf die Schadenslehre, vgl. *Pennrich*, a.a.O. (Fn. 191), S. 49 f. Die wichtigsten Darlegungen zum Schadensrecht hat *Thomasius* in seiner 1703 veröffentlichten Disputation „Larva detracta" gemacht, dazu s. unten VII. 2. a.

[209] Discours über sein Natur- und Völker Recht, Jena 1762, Pars spec. Sect. 2 cap. 1 tit. 2 ad § 332 (S. 456 f.).

Und er fährt dann an anderer Stelle fort:

> Quaeritur: ob ich mit einer Satisfaction muß zufrieden seyn, wenn Restitutio ablati noch möglich ist? Respondetur: nein. Ich habe in dem Fall das Recht, auf die Restitution zu dringen. Müßte ich mit der Satisfaction zufrieden seyn, so würde viel lächerliches heraus kommen. Z. E. Ich besäße ein Buch, das ich sehr lieb hätte, und durchaus nicht verlieren wollte. Ponamus, Titius käme und nähme mir das Buch weg. Ich forderte es von ihm, er wollte es mir nicht geben, sondern sagte: er wollte es mir bezahlen, was das Buch werth wäre? Müßte ich mit der Satisfaction zufrieden seyn, so müßte ich es geschehen lassen. Dieß ist ungereimt...
>
> Ist die Restitution nicht möglich, so muß ich mit der Satisfaction zufrieden seyn. Daher sagt man: Satisfactio est damni praestatio subsidiaria. Daher distinguiret man auch inter damnum reparabile (quod praestari potest per restitutionem) et irreparabile (quod non potest praestari per restitutionem, sed solummodo per satisfactionem). Z. E. Man hauet dem Cajus die Hand ab, est damnum irreparabile. Fiat satisfactio. Man muß ihm so viel geben, als er durch den Mangel der Hand verlieret[210].

Eine ähnliche Haltung nehmen eine Reihe weiterer Naturrechtler ein, wie z. B. *Johann Gottlieb Heineccius* (1681 - 1741), *Gottfried Achenvall* (1719 - 1772) oder *Daniel Nettelbladt* (1719 - 1791)[211]. Es fehlt zwar an einer einheitlichen Begrifflichkeit; erkennbar ist jedoch, daß sie alle der Wiederherstellung in natura bzw. der Leistung eines Äquivalents den Vorzug geben, solange eine solche möglich ist.

Es wäre allerdings übertrieben, würde man von einer allgemein herrschenden Auffassung sprechen. Einer der bedeutendsten Naturrechtler, *Christian Wolff* (1679 - 1754) hat eine ziemlich unklare Position[212], und viele Rechtslehrer, die zwar dem Naturrecht gewogen sind, aber doch dem gemeinen Recht nahestehen, wie z. B. Vater und Sohn *Cocceji*, verbleiben letztlich bei den römischrechtlichen Schadensregelungen[213].

2. Wissenschaft und Praxis des Usus modernus

Damit erhebt sich die Frage, wie sich denn Rechtslehre und Praxis des gemeinen Rechts zur Naturalrestitution eingestellt haben. Die Frage des Schadensersatzes in natura ist hier vor allem in zwei Anwendungsfällen diskutiert worden: beim Schadensersatz nach der Lex Aquilia und bei der Wiederherstellung des guten Rufs, der restitutio laesae famae.

---

[210] a.a.O., ad § 335 (S. 465 und 466).
[211] Vgl. *Pennrich*, a.a.O. (Fn. 191), S. 65 ff., 77 ff.; *Wieling*, a.a.O. (Fn. 8), S. 159.
[212] Zu ihm s. *Pennrich*, a.a.O. (Fn. 191), S. 71 ff.
[213] s. *Pennrich*, a.a.O. (Fn. 191), S. 68 ff.

a) Schadensersatz nach der Lex Aquilia[214]

Die Pflicht zum Schadensersatz in Natur setzt, wenn sie als solche ernst genommen werden soll, die Möglichkeit zur *Sachkondemnation* und zur *Realexekution* voraus. Vor allem durch die Untersuchungen von *Hermann Dilcher*[215] wissen wir, daß diese Rechtsinstitute nur allmählich Anerkennung gefunden haben. Geht man von der im Corpus iuris civilis überlieferten Gaianischen Dreiteilung der Obligationsinhalte in dare, facere und praestare aus, so läßt sich feststellen, daß im römischen Recht die Realvollstreckung nur für das dare akzeptiert worden ist (*Ulpian*, Dig. 6.1.68). Im Mittelalter findet zwar eine vorsichtige Ausweitung auf die anderen Leistungsklagen statt. Hier sind die Glossatoren bereits recht weit gegangen; die Kommentatoren zeigen sich dagegen recht zurückhaltend und nehmen von den Ergebnissen ihrer Vorgänger sogar teilweise wieder Abstand. Insgesamt läßt sich sagen, daß die *Legisten* des Mittelalters nicht zu einer einheitlichen Kondemnationstheorie gelangt sind; „ihr Streben richtet sich vielmehr darauf, mittels kunstvoller Distinktionen der Vielfalt einzeltatbestandlicher Lösungen äußerlich einen geschlossenen Rahmen zu verleihen"[216].

Zu einem anderen Ergebnis sind dagegen die *Kanonisten* gekommen: Sie befürworten am Ende des Mittelalters die Zulässigkeit der Sachkondemnation und Realexekution in nahezu allen Fällen der Leistungsklage[217]. Von den Kommentatoren ist diese Entwicklung im kirchenrechtlichen Bereich durchaus beobachtet und kritisch gewürdigt worden. Bemerkenswert ist vor allem die Bewertung, die *Cinus* vorgenommen hat, denn sie macht recht gut die unterschiedliche Einstellung zur Behandlung des damals geltenden Rechts und zur Rechtsfortbildung deutlich. Er bringt sie in seinem Kommentar[218] zu Cod. 3.35.2 zum Ausdruck. Die Stelle ist deshalb interessant, weil hier im Rahmen der Lex Aquilia die Verpflichtung zur Wiedereindämmung des übergefluteten Wassers ausgesprochen wird. Diese Verpflichtung wird nur von einigen Rechtslehrern der früheren und späteren Zeit als ein Fall der Schadensersatzpflicht angesehen; die Mehrheit erblickt darin einen

---

[214] Vgl. dazu *H. Lange*, a.a.O. (Fn. 25), S. 69 ff.; *H. Kaufmann*, Rezeption und usus modernus der actio legis Aquiliae, 1958, S. 90 f.; *Wieling*, a.a.O. (Fn. 8), S. 149 ff.

[215] Geldkondemnation und Sachkondemnation in der mittelalterlichen Rechtstheorie, SavZRG Rom. Bd. 78 (1961), S. 277 - 307; vgl. auch *Bussi*, a.a.O. (Fn. 24). Aus der früheren Zeit muß *K. Ziebarth*, Die Realexekution und die Obligation, Halle 1866, genannt werden.

[216] *Dilcher*, a.a.O. (Fn. 215), S. 306.

[217] Vgl. *Dilcher*, a.a.O. (Fn. 215), S. 302 - 305.

[218] Cyni Pistoriensis in Codicem ... Commentaria, Frankfurt/M. 1578, Nachdruck Turin 1964.

Fall des interdictum quod vi aut clam[219]. *Cinus* spricht sich dafür aus, daß dann, wenn etwas zerstört und wieder repariert werden könne, die actio legis Aquiliae herangezogen werden könne, damit es wieder in seinen alten Zustand zurückversetzt werde[220].

Er wendet sich sodann den Kanonisten zu: Sie würden weitergehen. Sie würden sagen, daß dort, wo ein Rind getötet worden sei, der Geschädigte einen Anspruch auf ein neues gutes Rind habe[221]. Das gebe es nicht im römischen Recht; hier finde vielmehr eine Schätzung statt. In den Obligationen, in denen jemand ein Unrecht zufügt, solle, wenn auf Wiedererlangung geklagt werden könne, entsprechend verfahren werden. Wenn jedoch eine Wiedererlangung nicht erreicht werden könne, könne nicht auf ein Ähnliches geklagt werden. Denn das eine dürfe nicht für ein anderes gegeben werden, wenn die Dinge nicht die gleiche Funktion wieder übernähmen[222]. Der Autor fügt sodann sein Verdikt über die Kanonisten an:

Sed Canonistae non consideraverunt hanc rationem, quia moris eorum est, rationes subtiles non attendere.

Dieses Urteil, daß die Kanonisten die Subtilitäten des römischen Rechts nicht hinreichend beachteten, ist — aus historischer Sicht — nicht zutreffend. Das römische Recht bildete bekanntlich eine ganz wesentliche Grundlage für das kirchliche Recht, auch die kirchlichen Juristen kannten sich darin bestens aus[223]. Sie fühlten sich ihm gegenüber allerdings nicht strikt gebunden. Vor allem durch die kirchliche Gesetzgebung wurde das kirchliche Recht zu dem *ius novum*, durch das „moderne" Lösungen herbeigeführt wurden, sei es, daß die neuen christlichen Vorstellungen sie erforderlich machten, sei es, daß sie gegenüber den römischrechtlichen Subtilitäten ganz einfach praktischer

---

[219] Vgl. *Lange*, a.a.O. (Fn. 25), S. 69; *Kaufmann*, a.a.O. (Fn. 214), S. 90; *Wieling*, a.a.O. (Fn. 8), S. 151 f.

[220] Dicendum est, quod quaedam disrumpuntur ita, quod reparari non possunt, ut sylva immatura et similia, et tunc legis Aquiliae directa competit ad damnum ... Quaedam autem disrumpuntur, ut reparari possint ..., et tunc competit actio legis Aquiliae, ut in pristinum statum reponantur ...

[221] Gemeint ist die Stelle X 5.36.3; sie stammt, was *Cinus* nicht erwähnt, aus der Bibel, s. o. IV. 2.

[222] Plus dicunt Canonistae quod ubi destruxisti bovem, agam ut mihi aeque bonum bovem des ... Illud non habemus in iure nostro, sed aestimatio venit ... Dico ergo, quod in istis obligationibus, ubi aliquam facit iniuriam, si agi potest ad recuperandum, agitur. Si non potest recuparari, non agetur ad simile factum. Nam aliud pro alio non debet dari, nisi res functionem recipiant, ut secundum Petrum. ff. si certum petatur 1. 2 § mutui (= Dig. 12.1.2.1).

[223] Zum Ausdruck kommt das in der Parömie „ecclesia vivit iure Romano", vgl. dazu *P. Legendre*, La pénétration du droit romain dans le droit canonique classique de Gratien à Innocent IV (1140 - 1254), Paris 1964, S. 17 ff.

waren[224]. Die Restitutionslehre entsprach beiden Gesichtspunkten, die einheitlichen Kondemnationstheorie wohl eher allein dem letzteren Aspekt.

In der Zeit des Usus modernus verbindet sich die Frage nach dem Naturalersatz mit dem Problem der *Entpönalisierung der Lex Aquilia*. Die Auffassung, daß diese Klage rein persekutorisch und über die Sachbeschädigung hinaus auch auf den Schadensersatz bei Körperverletzung und Tötung anzuwenden sei, setzt sich immer mehr durch; in aller Deutlichkeit bringen diese Ansicht z. B. *Christian Thomasius* in einer 1693 abgehaltenen Disputation „De usu actionum poenalium iuris Romani in foris Germaniae"[225] oder *Samuel Stryk* (1640 - 1710) in seinem epochemachenden, ab 1690 sukzessiv veröffentlichten „Usus modernus Pandectarum"[226] zum Ausdruck. Die *Frage des Naturalersatzes* wird dagegen in der Rechtslehre sehr viel weniger behandelt. Eindeutig hat *Johannes Schilter* (1632 - 1705) erklärt, daß der erste und am meisten verbreitete, dem Natur- und Völkerrecht am nächsten kommende modus agendi der sei,

> a quo non nisi reparationem damni persequimur, quae fit restitutione rei aequivalentis aut pretii, sine alicuius poenae persecutione. Haec actionis species est moribus Teutonicis tum priscis tum hodiernis tritissima ..."[227].

In seiner „Tractatio iuridica: Larva legis Aquiliae detracta actioni de damno dato, receptae in foris Germanorum" (1703) schließt sich *Thomasius* dieser Darstellung voll und ganz an; er korrigiert die Aussage *Schilters* sogar dahin, daß der von diesem geschilderte modus agendi der einzige sei[228]. Beide Autoren berufen sich zur Legitimation dieser Praxis zum einen auf die deutschen Gewohnheiten, wie sie z. B. im Sachsen- und Schwabenspiegel zu finden seien und die die Rezeption der Lex Aquilia verhindert hätten, und zum anderen auf die aequitas sowohl des Natur- als auch des Kirchenrechts — eine geradezu erdrückende Absicherung[229].

---

[224] Vgl. *K. W. Nörr*, a.a.O. (Fn. 65), S. 365 - 368; *Wieacker*, a.a.O. (Fn. 38), S. 71 ff.; *Wolter*, a.a.O. (Fn. 74), S. 4 f., 23 ff.

[225] Disputant war ein Anhalter Ritter namens *Robert Christian de Hake*; die Veröffentlichung ist 1725 in Halle erfolgt.

[226] Specimen usus moderni Pandectarum, Continuatio a Libro VI usque ad XII, Halle 1704, Lib. IX Tit. II „Ad legem Aquiliam" §§ IV ff.

[227] Praxis iuris Romani in foro Germanico, Frankfurt, M. / Leipzig 1713, Exercitatio ad Pandectas XIX „De damnorum persecutione" § LXVII.

[228] Hier ist eine 1750 in Halle erschienene Ausgabe benutzt worden; die erwähnten Äußerungen sind in § XIII zu finden.

[229] In der Tat sind in den deutschen Gewohnheiten vereinzelt Schadensfälle zu finden, in denen die Verpflichtung zur Rückerstattung der Sache oder zur Leistung eines Äquivalents ausgesprochen ist. Im Landrecht des *Sachsenspiegels* ist im Falle unrechtmäßiger Inbesitznahme Rückgabe, jedoch mit Buße verbunden, vorgesehen: „Swes sek de man underwint mit unrechte,

Ob allerdings der Bericht dieser beiden Wissenschaftler tatsächlich der Gerichtspraxis der damaligen Zeit entspricht, ist schwer zu sagen. Vereinzelt wird in der Literatur das Naturalrestitutionsprinzip angedeutet, so z. B. von *Johann August Hellfeld* (1717 - 1782), der zur modernen Anwendung der Lex Aquilia ausführt:

> Usus huius legis apud nos adhuc hodie est amplissimus. Nam tamen omnia, quae in hoc titulo traduntur, usu servantur. Cessant enim regulariter apud nos poenae privatae. Inde actio ex lege Aquilia tendit ad damnum, quod re ipsa illatum restituendum, minime vero ad id, quanti res intra annum, vel mensem, plurimi fuit, nec lis inficiando crescit in duplum[230].

Im übrigen läßt sich jedoch aus der Literatur des Usus modernus zwar entnehmen, daß eine Mehrheit der Rechtslehrer wohl die persekutorischen Funktion als alleinigen Zweck der Lex Aquilia befürwortet. Zur Naturalrestitution wird aber in der Regel nichts gesagt, vielmehr

---

dat eme mit rechte af gewunnen wert, he mut it mit bute laten" (III 43 § 1, nach *K. A. Eckhardt* (Hrsg.), Sachsenspiegel I Landrecht, Bibliotheca rerum historicarum, Rechtsbücher 1, Aalen 1973). Beim *Schwabenspiegel* tritt die Buße noch deutlicher in den Vordergrund: „Swes sich der man underwindet mit unrechte daz ihm mit rechte vor gerichte an gewunnen ist dacz shol er dem clager und dem richter půzen" (Art. 309, nach *K. A. Eckhardt* (Hrsg.), Schwabenspiegel Langform M, Bibliotheca rerum historicarum, Studia 5, Studia iuris suevici II, Aalen 1971). Für den Fall der gewaltsamen oder diebesmäßigen Wegnahme ist im Landrecht des *Sachsenspiegels* in III 47 § 1 (wie in III 43 § 1) Rückgabe mit Buße als Rechtsfolge festgelegt; schwört der Räuber oder Dieb, das Weggenommene nicht mehr zu haben, so hat eine Schätzung stattzufinden. In § 2 ist für einige Tiere, z. B. Jagdvögel oder Hunde, der Ersatz eines Äquivalents vorgesehen. In ähnlicher Weise ist im *Schwabenspiegel* in bezug auf derartige Tiere der Ersatz durch gleichwertige Tiere festgelegt. Bestimmungen dieser Art sind bereits in den *Volksrechten* zu finden, vgl. die Synopse zu Art. 332 - 341 des Schwabenspiegels bei *Laßberg*, Der Schwabenspiegel nach einer Handschrift vom Jahr 1287, Bibliotheca rerum historicarum, hrsg. v. K. A. Eckhardt, Neudrucke 2, Aalen 1972, S. 246. Zu den Volksrechten s. *Arthur Benno Schmidt*, Die Grundsätze über den Schadensersatz in den Volksrechten, 1885 (Untersuchungen zur Deutschen Staats- und Rechtsgeschichte, hrsg. v. O. Gierke, Bd. 18), insb. S. 58 ff. Im großen und ganzen *überwiegt* aber der *Geldersatz*, vgl. *Schmidt*, a.a.O., S. 62; im Sachsenspiegel ist für diese Zwecke in III 51 gar ein „*Wergeld*" *der Tiere* festgelegt.

Gerade in Regelungen dieser Art hatte die *frühere germanistische Lehre* die Tendenz zum Abbau der Privatstrafe und zur Trennung des Schadensrechts vom Strafrecht bestätigt gefunden. Ob diese Entwicklung geradlinig bis in die Zeit des Usus modernus verlaufen ist, muß man nach den Untersuchungen von *Ekkehard Kaufmann*, SavZRG Germ. Bd. 78 (1961), S. 93 - 193, bezweifeln: Er hat im 15. Jh. eine gegenläufige Bewegung festgestellt, die zu einer starken Wiederbelebung des Bußensystems führte, und er ist zu dem Ergebnis gelangt, daß die bisherige, wohl zuerst von *Thomasius* begründete Ansicht, die römischen Sätze über die Privatstrafe seien in Deutschland nicht rezipiert worden, weil das deutsche Recht diese bereits abgeschafft habe, differenzierter betrachtet werden müsse (a.a.O., S. 137 f.). Zum ambivalenten Charakter der mittelalterlichen „Klage mit Schadensformel" s. *Gunter Gudian*, SavZRG Germ. Bd. 90 (1973), S. 121 ff.: sie konnte auch zur Geltendmachung einer Buße verwendet werden.

[230] Jurisprudentia forensis secundum Pandectarum ordinem, Jena 6. Aufl. 1806, § 705.

befaßt man sich allein mit dem Geldersatz; das läßt sich auch im Hinblick auf die (veröffentlichte) Rechtspraxis feststellen[231].

b) Die restitutio laesae famae[232]

In der — durchaus beachtlichen — deutschen Literatur des 19. Jahrhunderts zur Geschichte des rechtlichen Ehrenschutzes herrschte ein

---

[231] Vgl. *Ernst Theophil Majer*, Commentarius theoretico-practicus in IV. Libros Institutionum Imperialium, Tübingen 1686, Lib. IV Tit. III, insb. S. 896 f.; *Stryk*, a.a.O. (Fn. 226); *J. H. Böhmer*, Introductio in ius Digestorum, Halle 1723, Lib. IX Tit. II nr. 4 und 10; *ders*, Doctrina de actionibus, Frankfurt/M. 1745, Sect. II Cap. XI §§ XIX ff.; *W. A. Lauterbach*, Collegium theoretico-practicum, hrsg. v. U. T. Lauterbach, Ausgabe Tübingen 1763, Lib. IX Tit. II nr. XXIV; *Heinrich Cocceji*, Hypomnemata juris, Frankfurt/O. 1698, Lib. IV Tit. III nr. 8 (er zitiert allerdings auch X 5.36.3); *Samuel de Cocceji*, Jus civile controversum, Frankfurt und Leipzig 1729, Lib. IX Tit. II Qu. X; *L. J. F. Höpfner*, Theoretisch-practischer Commentar über die Heineccischen Institutionen, 7. Aufl. bearb. v. A. D. Weber, Frankfurt/M. 1803, § 1060; *Chr. F. Glück*, Ausführliche Erläuterung der Pandecten nach Hellfeld, Bd. 10, Erlangen 1808, § 705. — Ein Beispiel für die traditionelle (römischrechtliche) Position ist dagegen *Gustav Hugo*, Lehrbuch eines civilistischen Cursus. Bd. 2: Lehrbuch des Naturrechts als einer Philosophie des positiven Rechts, Berlin 1798, § 223, S. 183: „Der einfache Ersatz des wahren Schadens braucht aber auch nicht der Maaßstaab zu seyn, sondern es kann sehr wohl absolut für alle Fälle, oder relativ höher (duplum, triplum, quadruplum) bestimmt werden. Für den Täter ist es oft eine sehr passende Strafe zur Abschreckung für ähnliche Fälle, und eine Strafe, die da am wirksamsten ist, wo er Haß gegen den Beschädigten gezeigt hat, — und für diesen ist es billig, weil es ihm unmöglich wird, allen Schaden zu übersehen, und er doch oft nichts aus der Forderung zieht."
Die Zahl der in der Zeit des Usus modernus veröffentlichten *Rechtsprechungssammlungen* ist groß, vgl. dazu *Heinrich Gehrke*, Rechtsprechungs- und Konsiliensammlungen. Deutsches Reich, in: H. Coing (Hrsg.), Handbuch (s. oben Fn. 65), II/2, 1976, S. 1343 ff., 1362 ff. Ich habe u. a. folgende Werke durchgesehen: *Benedict Carpzov*, Opus decisionum illustrium Saxonicarum, Ausgabe Leipzig 1729; *ders.*, Jurisprudentia forensis Romano-Saxonica, Leipzig 1674; *David Mevius*, Decisiones super causis praecipuis ad Summum Tribunal Regium Vismariense delatis (mit einem Repertorium von J. J. a Ryssel), Frankfurt/M. 1726; *Justus Henning Boehmer*, Consultationes et decisiones iuris, Tom. I Pars I, Halle 1734, Dec. 207 und Resp. 208 - 211; *J. H. Chr. von Selchow*, Rechtsfälle, 4 Bände, Lemgo 1782 - 1785. Die Überprüfung anhand der Stichworte damnum, lex Aquilia (= Dig. 9.2) und restitutio ergibt den gleichen Befund wie die Untersuchung der Literatur: das Naturalherstellungsprinzip wird nicht erwähnt.
Wie die alltägliche Praxis nun wirklich aussah, darüber läßt sich hiernach m. E. allerdings noch immer nichts Endgültiges aussagen. Fest steht aufgrund der veröffentlichten Rechtsansichten und Fälle lediglich, daß die Mehrheit derjenigen, die die Veröffentlichungen vorgenommen haben, anders als *Schilter* und *Thomasius* die Frage des Ersatzes in Natur oder in Geld wohl für nicht besonders erwähnenswert gehalten hat. Man kann daraus vielleicht die Hypothese herleiten, daß dieses Problem in der Praxis keine bedeutende Rolle gespielt hat.

[232] Über die Wiederherstellung des guten Rufs als Anwendungsfall des Naturalherstellungsprinzips gibt es eine umfangreiche Literatur im 19. Jahrhundert; auf sie soll im folgenden im wesentlichen ohne weitere eigene Forschungen zurückgegriffen werden, um den Überblick über den Entwicklungsgang des Restitutionsgrundsatzes im Zivilrecht zu vervollständigen: *A. D. We-*

2. Wissenschaft und Praxis des Usus modernus

heftiger Streit über die Frage, ob die Wiederherstellung des guten Rufes in der Form einer die Kränkung widerrufenden Erklärung seine Wurzel im kirchlichen Recht oder (auch) im deutschen Gewohnheitsrecht habe[233]. Fest steht, daß in einigen *Volksrechten* — im langobardischen Recht und in altnordischen Rechten[234] — für den, der eine Frau eine Hure oder Hexe bzw. einen Mann einen Feigling genannt hatte, die Möglichkeit existierte, im Wege einer Ehrenerklärung unter Hinweis darauf, er habe im Affekt gesprochen, die Verurteilung zu einer gegenüber dem vollen Wergeld geringeren Buße herbeiführen konnte. Dieses Rechtsinstitut der Ehrenerklärung taucht seit dem hohen Mittelalter in zahlreichen *Stadt- und Landrechten* auf. Hier wird der Ehrenschutz in der Weise gewährleistet, daß der Verletzer entweder eine Buße zu zahlen oder die Ehre durch eine entsprechende Erklärung („widerreden", „die ere widergeben") wiederherzustellen hat; darin sind auch strafrechtliche Elemente eingeschlossen, denn die Ehrenerklärung ist oft mit einer Demütigung des Täters, z. B. einem „Maulstreich", verbunden[235].

---

ber, Über Injurien und Schmähschriften, 3. Aufl. 1811; *C. Reinhold Köstlin,* Die Ehrverletzung nach deutschem Rechte, Zeitschrift für deutsches Recht Bd. 15, S. 151 - 236; *Hugo Hälschner,* Ehrenerklärung, Widerruf und Abbitte ..., Der Gerichtssaal, Bd. 16 (1864), S. 321 - 369; *ders.,* Das preußische Strafrecht, Teil 3, Bonn 1868, S. 221 ff.; *C. von Wallenrodt,* Die Injurienklagen auf Abbitte, Widerruf und Ehrenerklärung, Zeitschrift für Rechtsgeschichte Bd. 3, S. 238 - 300; *Hans Helfritz,* Der geschichtliche Bestand und die legislative Verwertbarkeit von Widerruf, Abbitte und Ehrenerklärung, Diss. Greifswald 1905 (hierbei handelt es sich um die umfangreichste und informativste Darstellung).

[233] Vgl. z. B. *Köstlin,* a.a.O., S. 176 Fn. 97; *Helfritz,* a.a.O., S. 32 - 34, 64 f.

[234] Vgl. *Köstlin,* a.a.O., S. 169 ff.; *Wallenrodt,* a.a.O., S. 243 ff.; *Helfritz,* a.a.O., S. 3 ff.

[235] Vgl. *Köstlin,* a.a.O., S. 178 ff.; *Wallenrodt,* a.a.O., S. 252 ff.; *Helfritz,* a.a.O., S. 34 ff. Wie tief verwurzelt die Befürwortung von erniedrigenden Ehrenstrafen war, zeigt sich an der Tatsache, daß sie auch noch von *Kant* am Ende des 18. Jahrhunderts im Rahmen seines ius talionis gefordert worden sind, Metaphysik der Sitten, 1. Teil: Metaphysische Anfangsgründe der Rechtslehre, II. Teil, 1. Abschnitt, E I: „Nun scheint es zwar, daß der Unterschied der Stände das Prinzip der Wiedervergeltung: Gleiches mit gleichem, nicht verstatte; aber wenn es gleich nicht nach dem Buchstaben möglich sein kann, so kann es doch der Wirkung nach, respektive auf die Empfindungsart der Vornehmeren, immer geltend bleiben. — So hat z. B. Geldstrafe wegen einer Verbalinjurie gar kein Verhältnis zur Beleidigung, denn der des Geldes viel hat, kann sich wohl einmal zur Lust erlauben; aber die Kränkung der Ehrliebe des einen kann doch dem Wehtun des Hochmuts des anderen sehr gleich kommen: wenn dieser nicht allein öffentlich abzubitten, sondern jenem, ob er zwar niedriger ist, etwa zugleich die Hand zu küssen, durch Urteil und Recht genötigt würde. Ebenso, wenn der gewalttätige Vornehme für die Schläge, die er dem niederen, aber schuldlosen Staatsbürger zumißt, außer der Abbitte noch zu einem einsamen und beschwerlichen Arreste verurteilt würde, weil hiermit außer der Ungemächlichkeit noch die Eitelkeit des Täters schmerzhaft angegriffen und so durch Beschämung gleiches mit gleichem gehörig vergolten würde." (Wiedergabe nach der Meiner'schen Philosophischen Bibliothek Bd. 42, S. 160.)

VII. Naturrecht und Usus modernus

Daß die *scholastische Restitutionslehre* schon recht früh auch den Ehrenschutz einschloß, darauf ist bereits hingewiesen worden[236]. Bei *Thomas von Aquin* steht die Wiedergutmachung einer falschen Anschuldigung, also die Behauptung unwahrer Tatsachen, im Mittelpunkt; sie hat so zu erfolgen, daß der Verletzer erklärt, „se falsum dixisse"[237]. In der späteren Zeit wird der Schutz von Theologen und Kanonisten auf jede Art von Ehrverletzung ausgedehnt und mit Hilfe des Rechtsinstituts der *restitutio laesae famae* verwirklicht.

In *Deutschland* breitet sich die *Widerrufsklage* unter verschiedenen Namen wie recantatio, revocatio oder palinodia im 16. Jahrhundert allgemein aus[238]; sie findet 1555 in der Reichskammergerichtsordnung Erwähnung, indem sie nach ausdrücklicher Anordnung als causa exempta nicht der summa appellabilis von 50 Gulden unterfiel[239]. Die Reichskameralistik *(Mynsinger, Gail)* ordnete sie deshalb dem Zivilrecht zu. Die Herkunft der Widerrufsklage ist seit dieser Zeit streitig geworden. Während der Heidelberger Jurist *Marquard Freher* (1565 - 1614) am Ende des 16. Jahrhunderts auf die kirchliche Wurzel hinweist:

> Et quod de hac restitutione famae dictum est, est etiam ex Theologorum Scholasticorum doctrina...[240],

---

[236] s. oben II 3 (1). Vgl. zur Entwicklung im kirchlichen Bereich *Wallenrodt*, a.a.O., S. 255 ff.; *Hälschner*, Der Gerichtssaal (Fn. 232), S. 328 ff.; *Helfritz*, a.a.O., S. 64 ff.

[237] Summa II/II qu. 62 a. 2: Ad secundum dicendum quod aliquis potest alicui famam tripliciter auferre. Uno modo, verum dicendo et juste: puta cum aliquis crimen alicuius prodit ordine debito servato. Et tunc non tenetur ad restitutionem famae. — Alio modo, falsum dicendo et injuste. Et tunc tenetur restituere famam confitendo se falsum dixisse. — Tertio modo, verum dicendo sed injuste: puta cum aliquis prodit crimen alterius contra ordinem debitum. Et tunc tenetur ad restitionem famae quantum potest, sine mendacio tamen: utpote quod dicat se male dixisse, vel quod injuste eum diffamaverit. Vel, si non possit famam restituere, ei debet aliter recompensare, sicut et in aliis dictum est.

[238] Vgl. *Wallenrodt*, a.a.O., S. 279 ff.; *Hälschner*, Der Gerichtssaal (Fn. 232), S. 340 ff.; *Helfritz*, a.a.O., S. 92 ff.

[239] Es handelt sich um einen Zusatz, der bei Festsetzung der summa appellabilis zu den bisherigen Reichskammergerichtsordnungen von 1521 und 1523 gemacht worden ist, und zwar im Teil II Tit. 28 § 4: „Und sonderlich setzen, ordnen und wollen Wir, daß die Appellation-Sachen, so unter fünfzig Gülden Hauptguts wären, am Kaiserlichen Kammergericht nicht angenommen, auch von dem Richter voriger Instanzen nicht zugelassen, sondern die Urtheyl auff Ansuchen der Partheyen, von ihm exequiert und vollzogen werden: Doch sollen hierin die Sachen injuriarum, in denen auff Widerruf geklagt, auch andere, so auff Geld, aber nicht unter fünfzig Gulden durch den Kläger in seiner Klag aestimirt werden, auch Oberkeit, Gerechtigkeit ... ausgenommen sein." Vgl. *Bettina Dick*, Die Entwicklung des Kameralprozesses nach den Ordnungen von 1495 bis 1555 (Quellen und Forschungen zur höchsten Gerichtsbarkeit im Alten Reich. Bd. 10), Köln 1981, S. 69 f.

[240] Tractatus de existimatione acquirenda, conservanda et amittenda, Basel 1591, Lib. II Cap. IX nr. 5. Zu dem Autor und seinem Werk s. Neue Deutsche

spricht etwa 80 Jahre später der Salzburger Kanonist (!) *Ludwig Engel* (ca. 1630 - 1674) nur die Gewohnheiten an:

> Alia quoque, moribus tamen potius, et consuetudine, quam Jure scripto, pro iniuria verbali, eaque falsa inventa est, et actio ad palinodiam sive recantatoria dicitur ...[241].

Seit dem 17. Jahrhundert haben wir dann ein *differenziertes zivilrechtliches System des Ehrenschutzes*, das aus den Restitutionsklagen der Abbitte, der Ehrenerklärung sowie des Widerrufs einerseits und der ästimatorischen Injurienklage andererseits bestand; die dogmatischen Grundlagen, die bis zum Ende des 18. Jahrhunderts Bestand hatten, hat die sächsische Kriminalistik, insbesondere *Benedikt Carpzov* (1595 - 1666) geschaffen[242]. Die Abgrenzung des Widerrufs zu den beiden anderen restitutorischen Klagen war nicht unproblematisch.

Am Ende der Periode unterschied man wie folgt: Die Klage geht „auf *Widerruf*, wenn die Ehrenverletzung durch Andichtung unwahrer Thatsachen zugefügt worden ist; — auf *Abbitte* bei anderen ganz unzweifelhaften Injurien; — auf *Ehrenerklärung* bei einer in Ansehung der äußeren Handlung unzweifelhaften, in Ansehung des animus injuriandi aber noch etwas zweifelhaften Injurie ... beispielsweise bei zweideutigen Worten oder anderen sinnlichen Darstellungen ..."[243]. Die *Abbitte* wurde als Akt der Milde und der christlichen Nächstenliebe bezeichnet; in diesem Zusammenhang zitierte man gerne aus *Gratians* Dekret D. 46 c. 5, wonach ein übel redender Kleriker dazu gezwungen werden soll, um Verzeihung zu bitten; im Weigerungsfalle soll er degradiert werden[244]. Das Rechtsinstitut wurde offenbar als eine Art Klassenrecht verwendet, nämlich bei Beleidigungen unter Leuten niederen Standes oder bei Beschimpfung eines geringeren Mannes durch einen Edelmann. Bei der *Ehrenerklärung* handelte es sich um eine Erklärung des Verletzers an den Richter, daß die inkriminierten Worte nicht in beleidigender Absicht gesprochen worden seien und daß er vom Kläger nur Ehrenhaftes und Gutes wisse; der Beklagte entging damit

---

Biographie, hrsg. v. d. Historischen Kommission d. Bayer. Akademie d. Wissenschaften, Bd. 5, Berlin 1961, S. 392 f. (*P. Fuchs*).

[241] Collegium universi juris canonici, m. Anm. von *C. Barthel*, Mantuae Carpetanorum 1760, Tit. XXXVI nr. 11. Die Erstausgabe des Werkes erfolgte 1671 - 1674; zum Autor s. *Schulte*, a.a.O. (Fn. 124), S. 150 f.

[242] Vgl. *Wallenrodt*, a.a.O., S. 286 ff.; *Hälschner*, Der Gerichtssaal (Fn. 232), S. 346 ff.; *Helfritz*, a.a.O., S. 103 ff.

[243] So *Rudolph Frh. v. Holzschuher*, Theorie und Casuistik des gemeinen Civilrechts, Bd. 1, Leipzig 1843, S. 409 Nr. 33.

[244] Clericus maledicus (maxime in sacerdotibus) cogatur ad postulandam veniam. Si noluerit, degradetur, nec umquam ad officium absque satisfactione revocetur. Die Bestimmung ist auf dem 4. Konzil von Karthago (398) ergangen.

der Verurteilung zu Widerruf und Strafe. Die *Vollstreckung* von Abbitte und Widerruf erfolgte dadurch, daß der Verurteilte durch Androhung und Vollstreckung von Geldstrafe oder Gefängnis zum Gehorsam angehalten wurde; falls der Verurteilte abwesend war, kam auch ein öffentlicher Anschlag der Urteilsformel in Betracht. Staatlicherseits wurden die gerichtlichen Ehrenschutzmittel zur Überwindung des Duellwesens gefördert, wie z. B. ein *Reichsschluß* aus dem Jahre 1668 deutlich macht[245].

---

[245] Resolution auf das wegen Abstellung des höchst schädlichen Duellieren, Balgen und Kugelwechseln erstattete Reichsgutachten, dessen gänzlicher Inhalt allergnädigst ratificiert wird: „... daß ... der Jnjuriant nebst Refundierung der Unkosten zu gebührender Satisfaction, vermittelst einer Ehren-Erklärung, und öffentlicher Abbitte oder Widerruffs ..." (verurteilt werde), abgedruckt in: Neue und vollständigere Sammlung der Reichs-Abschiede, hrsg. von J. J. Schmauß, E. A. Koch, H. Chr. Senckenberg u. a., 4. Theil 1747, Neudruck Osnabrück 1967, S. 55, 56.

VIII. Das 19. Jahrhundert

Im 19. Jahrhundert verläuft die Entwicklung in den genannten Problembereichen unterschiedlich. Beim *Ehrenschutz* vollzieht sich um die Wende vom 18. zum 19. Jahrhundert eine bedeutsame Veränderung: er wird in seinen wesentlichen Aspekten dem *Strafrecht* zugeordnet. Einen entscheidenden Beitrag dazu hat *A. D. Weber* (1753 - 1817) mit seinem Werk „Über Injurien und Schmähschriften" geleistet. Hier führt er aus, daß Abbitte und Widerruf Privatstrafen seien. Einen zivilrechtlichen Charakter akzeptiert er „nur in den besonderen Fällen, da die Injurie in Vorwürfen oder Nachreden unerlaubter Tatsachen besteht"[246]. Im übrigen könne die Ehre nicht wiederhergestellt werden, entscheidend sei allein die Wiedervergeltung. Ein weiterer Schritt wird von *K. L. von Grolman* (1775 - 1829) vollzogen[247]. Die früheren zivilrechtlichen Ehrenschutzmittel werden als relativ-öffentliche Strafen bezeichnet. Die entsprechenden Regelungen über den Ehrenschutz im preußischen StGB von 1851 und im RStGB von 1871 (§§ 185 ff.) haben ihre Grundlage vor allem in dieser neueren Entwicklung. Für das Zivilrecht blieb nur der Klageanspruch auf Widerruf unwahrer Tatsachenbehauptungen gemäß §§ 823, 249 BGB[248].

Anders ist dagegen die Entwicklung *im Bereich der Lex Aquilia und des Schadensrechts im allgemeinen*. Zunächst verhält sich die Rechtslehre in ihrer Mehrheit zwar ebenso zurückhaltend gegenüber dem Naturalherstellungsprinzip wie die Rechtslehre des Usus modernus[249].

---

[246] a.a.O. (Fn. 232), S. 4. Zum Autor s. *Stintzing / Landsberg*, Geschichte der dt. Rechtswissenschaft III 2 (Text), S. 448 - 451.

[247] Vgl. *Hälschner*, Der Gerichtssaal, S. 353 ff.; *Helfritz*, a.a.O., S. 128 ff. Vgl. zum Stand der Diskussion in der Mitte des 19. Jahrhunderts z. B. *Frh. v. Holzschuher*, a.a.O. (Fn. 243), S. 391 ff. oder *C. F. F. Sintenis*, Das practische gemeine Civilrecht, Bd. 2, 2. Aufl. Leipzig 1861, § 124 (A) IV, S. 754 ff.

[248] Zu der aktuellen Diskussion über einen quasinegatorischen Beseitigungsanspruch bei „fortwirkenden" Ehrverletzungen in Schadensersatzfunktion s. *E. Picker*, Der negatorische Beseitigungsanspruch, 1972, S. 33, 89 f.; *G. Hohloch*, Die negatorischen Ansprüche und ihre Beziehungen zum Schadensersatzrecht, 1976, S. 157, 172 ff., 179 ff.; dazu die Rezension von *Picker*, AcP Bd. 178 (1978), S. 499 - 504; *Staudinger / Gursky*, Kommentar zum BGB, 12. Aufl. 1982, § 1004 Rz. 3.

[249] Das läßt sich für alle Literaturarten sagen:
1.) Für die nunmehr in Mode kommenden „Schadenslehren" vgl. z. B. *F. Schoemann*, Lehre vom Schadensersatze, Gießen / Wetzlar 1806; *F. Hänel*, Versuch einer kurzen und faßlichen Darstellung der Lehre vom Schadensersatze, Leipzig 1823 (§ 36 handelt von der Lex Aquilia).
2.) Das gleiche gilt für die größere Zahl der *Pandektenwerke*, vgl. z. B.

Nur vereinzelt wird diese Art des Schadensersatzes befürwortet, wie z. B. von *C. F. F. Sintenis* (1804 - 1868)[250] oder von *J. N. von Wening-Ingenheim*, „dem Jüngeren", in seiner 1841 veröffentlichten „Schadenslehre"[251]. In der 2. Hälfte des 19. Jahrhunderts wird sie dann aber offensichtlich in stärkerem Maße akzeptiert, wie die Darstellungen von *F. Mommsen*[252], *Windscheid* und *Dernburg* zeigen[253]; auch das Reichsgericht befürwortet sie in zwei Entscheidungen der Jahre 1883 und 1886[254]. Auf der anderen Seite sind in der Lehre aber immer noch Vorbehalte zu finden; so sprechen sich außer dem bereits eingangs erwähnten *Degenkolb* z. B. *Alois Brinz*[255] oder *Theodor Gimmerthal*[256] allein für den Geldersatz aus.

Bei *Friedrich Mommsen* ist jedoch die *besondere Funktion* zu beachten, die er der Naturalrestitution zubilligt. Sie entspricht keineswegs der zentralen Bedeutung, die sie in der theologisch-kanonistischen und naturrechtlichen Tradition gewonnen hat. Im Grunde stellt sie letztlich nichts anderes als eine besondere Erleichterung für die Schätzung des Interesses dar: Während im römischen Recht (bis auf den Fall des Verlustes einer Geldsumme) stets eine Schätzung in Geld erforderlich gewesen sei, sei nach heutigem Recht kein Grund zu einer Schätzung vorhanden, wenn die Gegenstände, um welche das Vermögen des Ver-

---

A. F. J. Thibaut, System des Pandekten-Rechts, 8. Aufl. Jena 1834, Bd. 1, §§ 184 ff.; *G. F. Puchta*, Pandekten, 4. Aufl. bearb. v. Rudorff, Leipzig 1848, §§ 224 ff.; *C. F. Mühlenbruch*, Lehrbuch des Pandekten-Rechts, 2. Theil, 2. Aufl. Halle 1838, §§ 364 ff.; *R. v. Holzschuher*, Theorie und Casuistik des gemeinen Civilrechts, 2. Bd. 2. Abt., Leipzig 1847, Kap. II § 3 (S. 72 ff.) und Kap. XXX § 1 (S. 974 ff.); *F. Mackeldey*, Lehrbuch des römischen Rechts, 2. Bd., 14. Aufl. Wien 1863, §§ 339 ff.; *Th. Marezoll*, Lehrbuch der Institutionen, 9. Aufl. Leipzig 1869, § 120.

3.) Zur *deutschrechtlichen Literatur* s. *A. Heusler*, Institutionen des Deutschen Privatrechts, 2. Bd., Leipzig 1886, § 129, S. 262 ff.; *H. G. Gengler*, Das Deutsche Privatrecht, 4. Aufl. Erlangen / Leipzig 1892, § 131, S. 475 ff.; *G. Beseler*, System des gemeinen deutschen Privatrechts, 1. Abth., 4. Aufl. Berlin 1885, § 119 (auf S. 539 verweist er auf die neuere preußische und österreichische Gesetzgebung, die vom römischen Recht in manchem abweiche, und äußert die Meinung, daß das wohl auch in den deutschen Gewohnheiten seine Wurzeln haben könne); *O. Stobbe*, Handbuch des deutschen Privatrechts, Bd. 3, 1. Aufl. Berlin 1878, § 200, insb. Nr. 6 (auch in der 3., von *H. O. Lehmann* bearb. Aufl. von 1898, also nach der Verkündung des BGB, findet der Naturalersatz keine Erwähnung).

[250] a.a.O. (Fn. 247), § 125 (B) I Fn. 9, S. 762.

[251] Die Lehre vom Schadensersatze nach Römischem Rechte, Heidelberg 1841, § 168 I, S. 275; vgl. *Stintzing / Landsberg*, a.a.O. (Fn. 246), III 2 (Noten), S. 42, zum Autor.

[252] Zur Lehre vom Interesse, Braunschweig 1855, S. 12 - 14.

[253] Zu diesen s. oben Fn. 9 und 10.

[254] RGZ 9, 288; 17, 108.

[255] Lehrbuch der Pandekten, 2 .Bd., 2. Aufl. Erlangen 1879, § 281 d (S. 367).

[256] Die Lehre vom Interesse, neu in ihren Grundzügen reconstruiert, Arnstadt 1876, S. 47.

VIII. Das 19. Jahrhundert

letzten durch das beschädigende Ereignis verringert worden sei, in Natur geleistet werden könnten. Bei Diebstahl oder Entziehung einer Sache kämen zwei dogmatische Aspekte in Betracht. Entweder sei die Klage, durch welche der Beschädigte die Erstattung des ihm zugefügten Schadens in Anspruch nehme, unmittelbar auf das Interesse gerichtet; dann bilde die Restitution der entzogenen Sache den hauptsächlichsten Teil der Leistung des Interesses, „in Betreff dessen es in vielen Fällen einer Schätzung nicht bedürfen wird". Oder man könne die Obligation in den hier zu Frage stehenden Fällen als eine Obligation betrachten, deren ursprünglicher Gegenstand nicht das Interesse, sondern die entwendete Sache sei. Beide Auffassungen führten zu demselben praktischen Resultat; uns liege im Ganzen aber die erstere näher, während die römischen Juristen, besonders in den Fällen des furtum, die zweite Auffassung sehr entschieden zu Grunde legten, wie dies aus den Bestimmungen über die condictio furtiva klar hervorgehe[257].

Eine größe Selbständigkeit besitzt die Naturalrestitution dagegen bei *Bernhard Windscheid*. Wörtlich führt er aus:

> Daß die bezeichnete Ausgleichung durch Leistung eines Geldäquivalentes zu geschehen habe, gehört zum Begriff des Interesses nicht ... Ist das durch die betreffende Tatsache Entzogene Geld, so geht die Interesseforderung zwar auf eine Geldleistung, aber nicht auf Leistung eines Äquivalentes in Geld. Ist das Entzogene etwas anderes als Geld, so geht die Interesseforderung zunächst auf Leistung dieses anderen, und nur, wenn die Leistung desselben unmöglich oder in direkter Weise nicht erzwingbar ist, tritt Verwandlung in eine Geldleistung ein[258].

Auf Seiten des *Gesetzgebers* knüpft man im 19. Jahrhundert voll an die Tradition der naturrechtlichen Gesetze in Bayern, Preußen und Österreich an, nach welcher der Naturalrestitution der Vorrang gebührt. Das *Sächsische BGB* von 1863/65 enthält in § 687 eine entsprechende Regelung[259]. Auch die Kommission, die den *Dresdener Entwurf* von 1866 erstellt hat, schlägt in Art. 222 die Erstattung in Natur vor[260]. Die 1. Kommission schließlich geht, wie bereits ausgeführt[261], im *1. Entwurf eines BGB* in § 219 geradezu selbstverständlich davon aus, daß beim Schadensersatz in erster Linie Naturalrestitution zu leisten ist. Mit einigen Änderungen, die offensichtlich von der Kritik Degenkolbs beeinflußt sind, ist dieser Vorschlag dann in § 249 endgültig Gesetz

---

[257] a.a.O. (Fn. 252).
[258] a.a.O. (Fn. 9).
[259] Abgedruckt in: Bürgerliches Gesetzbuch für das Königreich Sachsen von 1863/1865, Neudrucke privatrechtlicher Kodifikationen und Entwürfe des 19. Jahrhunderts, Bd. 4. Aalen 1973.
[260] Abgedruckt in: Dresdener Entwurf eines allgemeinen deutschen Gesetzes über Schuldverhältnisse von 1866, Neudrucke ... (s. vorherige Fn.), Bd. 2, Aalen 1973.
[261] s. oben Abschnitt I.

geworden. Das betrifft vor allem die Regelung des § 249 S. 2, nach welcher der Gläubiger im Falle der Verletzung einer Person oder der Sachbeschädigung statt der Herstellung den dazu erforderlichen Geldbetrag verlangen kann; sie ist erst nach den Verhandlungen der 2. Kommission von der Redaktionskommission ins Spiel gebracht und dann im zweiten Entwurf 1894/95 veröffentlicht worden[262].

Interessant ist — gerade auch im Hinblick auf die heutige Bedeutung des § 249 — das, was die 2. *Kommission* zur Begründung ihrer Entscheidung zur Aufrechterhaltung des Naturalherstellungsprinzips ausgeführt hat[263]:

Verstehe man unter Schaden jeden wirthschaftlichen Nachtheil und unter Ersatz die Ausgleichung dieses Nachtheils, so ergebe sich, daß dieser Ersatz ebensowohl durch Naturalrestitution wie durch Geldentschädigung geschehen könne. Die terminologische Erweiterung des Schadensersatzbegriffs widerstreite weder der natürlichen Auffassung noch der rechtsgeschichtlichen Entwickelung; sie entspreche einer im Gebiete des gem. Rechts verbreiteten Ansicht und stimme mit dem sächs. B. G. B., im Prinzip auch mit dem preuß. A. L. R. I. 6 § 79 überein. Es komme hinzu, daß, wenn die Herstellung des früheren Zustandes und die Geldentschädigung nicht auseinander gehalten, sondern unter den Begriff des Schadensersatzes zusammengefaßt werden, die Technik des Gesetzes sich wesentlich vereinfache und Wiederholungen vermieden werden können.

Seitens der Kritik sei der § 219 mißverständlich ausgelegt worden. Von Wiederherstellung des ursprünglichen Zustandes könne nur dann die Rede sein, wenn derselbe Zustand, welcher vor der Beschädigung bestanden, wieder hergestellt werde. Es könne daher der Gläubiger nicht gezwungen werden, als Ersatz für die Beschädigung einer vertretbaren Sache eine andere Sache derselben Art anzunehmen, und von den Umständen des Falles hänge es ab, ob durch Ausbesserung einer beschädigten Sache der frühere Zustand wieder hergestellt werde.

Von allen Seiten sei anerkannt worden, daß die Naturalrestitution zum Zwecke der Beseitigung einer Rechtsverletzung nicht entbehrt werden könne. Insbesondere bei der widerrechtlichen Wegnahme einer Sache und den durch Delikt veranlaßten Rechtsänderungen sei die Herstellung des früheren Zustandes das dem Interesse des Verletzten am besten entsprechende Mittel des Ersatzes.

Aus diesen Gründen empfehle es sich nicht, den Standpunkt des Entw., welcher in den regelmäßigen Fällen den Bedürfnissen des Lebens entspreche, mit dem gegentheiligen zu vertauschen.

Als einen wesentlichen Aspekt der differenzierenden Ausgestaltung der Schadensersatzregelung sieht die Kommission die Begrenzung der richterlichen Gestaltungsfreiheit und damit die Rechtssicherheit an:

---

[262] Vgl. *Jakobs / Schubert*, a.a.O. (Fn. 1), S. 102. Zur Entstehungsgeschichte des § 249 s. auch *Gottfried Schiemann*, Argumente und Prinzipien bei der Fortbildung des Schadensrechts, 1981, S. 164 ff.
[263] Protokolle I, S. 296. Von sieben Anträgen ist der erste mit einigen Modifikationen angenommen worden, auf ihn bezieht sich die Begründung.

VIII. Das 19. Jahrhundert

Die Entscheidung der Frage, ob der Schaden durch Geld oder durch Herstellung des ursprünglichen Zustandes zu ersetzen sei, dem billigen Ermessen des Gerichts zu überlassen, wie dies nach dem Vorgange des Art. 51 des schweiz. Obligationsrechts die Anträge 4 und 5 wollen, stehe in Widerspruch mit der Stellung, welche nach der Auffassung des Entw. dem Richter zukomme. Der Gesetzgeber lade damit seine Aufgabe auf den Richter ab. Dadurch würde bei dem großen Einflusse, den die subjektiven Anschauungen der einzelnen Richter gewännen, eine bedenkliche Unsicherheit des Rechtes entstehen. Das Gesetz dürfe sich der Aufgabe nicht entschlagen, wenigstens die leitenden Gedanken auszusprechen und die Gesichtspunkte zu bezeichnen, welche für die Entscheidung maßgebend sein sollen, wie es der Antrag 1 thue[264].

Die Erweiterung der Rechte des Geschädigten zu der facultas alternativa des § 249 S. 2 wird in der „Denkschrift zum Rechte der Schuldverhältnisse" wie folgt begründet:

Die Herstellung des früheren Zustandes ist zwar an sich die dem Interesse des Verletzten am meisten entsprechende Art der Ersatzleistung, namentlich dann, wenn der Schaden in der Entziehung einer Sache oder in einer nachtheiligen Rechtsänderung besteht. Ist jedoch wegen Verletzung einer Person oder wegen Beschädigung einer Sache Ersatz zu leisten, so kann dem Geschädigten billigerweise nicht zugemuthet werden, zum Zwecke der Herstellung eine in ihrem Erfolge oft zweifelhafte Einwirkung auf seine Person oder auf die Sache dem Ersatzpflichtigen ohne Weiteres zu gestatten. Sodann entspricht im Falle der Beschädigung einer Sache die Beschaffung einer neuen Sache unter Umständen dem Interesse des Verletzten besser als die Herstellung der beschädigten. Der Entw. gestattet deshalb in den bezeichneten Fällen dem Verletzten, von vornherein statt der Herstellung den Geldbetrag zu verlangen, den er für die Herstellung aufwenden müßte ...[265].

---

[264] a.a.O., S. 297.
[265] B. *Mugdan*, Die gesammten Materialien zum BGB für das Deutsche Reich, Bd. II (Recht der Schuldverhältnisse), Berlin 1899, S. 1235. Eine zunächst geplante Erfassung der Problematik im Deliktsrecht (heute: §§ 842 - 844) — vgl. Mugdan II, S. 1112 — wurde dadurch überflüssig.

IX. Schlußbetrachtung:
Die historische und heutige Bedeutung
des Naturalherstellungsprinzips

Soweit also die *Entwicklungsgeschichte des Naturalrestitutionsprinzips*. Es handelt sich hierbei zweifellos um ein Stück *Dogmen- und Begriffsgeschichte*. *Walter Selb*[266] hat dazu ausgeführt, daß dogmatisches Denken eher zu einer wertfreien Betrachtung tendiert, gleichzeitig aber darauf aufmerksam gemacht, daß der mit Dogmen — als Fundamentalsätze verstanden — konfrontierte Rechtshistoriker gar nicht leugnen könne, daß Dogmen fortschreitend — also in einem geschichtlichen Prozeß — gebildet und immer wieder kritisch aufgelöst würden. Die *Frage nach dem sozialen Bezug*[267] stellt sich deshalb unabweislich: Warum haben Theologen und Kanonisten, zweifellos in voller Kenntnis des Geldkondemnationsprinzips des römischen Rechts, dem Naturalrestitutionsprinzip den Vorzug gegeben? Die gleiche Frage läßt sich für die Naturrechtler und die modernen Gesetzgeber stellen.

Zwei Aspekte erscheinen wesentlich. Der *eine* ist ein *pragmatischer*, „natürlicher". Die von der 1. Kommission vorgebrachten Gesichtspunkte der „Natur der Sache" und der „Rechtslogik" erscheinen unserem heutigen Verständnis von einem Schadensrecht als sozial tragbarer Schadensordnungen an sich fremd[268]. Trotzdem steckt ein wahrer Kern darin. Naturalersatz ist das Ergebnis einer ganz naiven Betrachtung, wie sie z. B. bei *Darjes*[269] zum Ausdruck kommt: Warum soll ich mir Geldersatz aufdrängen lassen, wenn mir eine Sache genommen oder beschädigt wird, an der mein Herz hängt?

Interessanter ist aber *der wirtschafts- und sozialgeschichtliche Gesichtspunkt*, den *Degenkolb* als Kritiker des Gesetzesvorschlags zur Ablehnung der vorrangigen Geltung des Restitutionsprinzips vorgetragen hat: dieses Prinzip sei nicht mehr zeitgemäß; in einer Naturalwirtschaft könne man es wohl in einer führenden Rolle akzeptieren,

---

[266] Festschr. K. Larenz zum 80. Geburtstag, 1983, S. 605 ff., 607.
[267] Zur Begriffsgeschichte und ihrem sozialen Bezug vgl. *Reinhart Koselleck*, Einleitung XIII ff., zu: Geschichtliche Grundbegriffe. Historisches Lexikon zur politisch-sozialen Sprache in Deutschland, hrsg. v. O. Brunner, W. Conze, R. Koselleck, Bd. 1, Stuttgart 1972.
[268] So zutreffend *J. Esser / E. Schmidt*, Schuldrecht. Ein Lehrbuch, Bd. I, Allg. Teil, 6. Aufl. 1984, § 32 I Fn. 10, S. 496.
[269] s. oben VII. 1. bei Fn. 209/210.

IX. Schlußbetrachtung

nicht dagegen in der modernen Geldwirtschaft[270]. Dann wären also Theologen und Kanonisten Anhänger einer veralteten Wirtschaftsform, in der — modern gesprochen — das Gebrauchswertinteresse über dem Tauschwertinteresse steht? Das läßt sich m. E. nicht ohne weiteres sagen, wenn man berücksichtigt, daß in der Zeit, in der die Restitutionslehre voll entwickelt worden ist, in weiten Teilen Europas, insbesondere dort, wo diese Lehre entwickelt wurde, die Geldwirtschaft blühte. Schon gar nicht paßt dann zu dieser Ansicht das Bußensystem der germanischen Volksrechte: wie lassen sich die in Geldsummen ausgedrückten Bußtaxen in einer doch vom Handel wenig geprägten Wirtschaft erklären[271]?

Doch beschränken wir uns auf die *kirchliche Wirtschaftsethik im Mittelalter*. Von ihr haben wir längst nicht mehr das Bild, das *Max Weber* in seiner „Protestantischen Ethik" gezeichnet hat. *Thomas von Aquin* hat keineswegs den kaufmännischen Gewinn verdammt; er hat aber die Handelstätigkeit wie jede andere menschliche Tätigkeit unter das *Gebot der Gerechtigkeit* gestellt[272]. Deshalb gewinnt gerade die *Äquivalenz* eine so entscheidende Bedeutung in der Restitutionslehre. Und noch eines kommt hinzu: Eine Geldwirtschaft besagt ja noch gar nichts über die Produktionsformen. Solange diese agrarisch-handwerklich sind, kann sich der Geschädigte für den Geldersatz nicht ohne weiteres auf dem Markt ein neues Stück für die zerstörte oder beschädigte Sache besorgen. Insoweit entspricht es eher der Billigkeit, dem *Schädiger* das *reale Beschaffungsrisiko* aufzubürden. Vielleicht waren es auch derartige pragmatische Gesichtspunkte, die die Entwicklung des Naturalrestitutionsprinzips — auch später — begünstigt haben.

In *Darstellungen der heutigen Zeit* wird bisweilen auf die praktische Bedeutungslosigkeit der Naturalrestitution als solcher hingewiesen. Nur in Zeiten, in denen die Wiederbeschaffung mühevoll ist, z. B. Zeiten starker Waren- und Materialknappheit, oder in denen dem Geschädigten mit einer Sache gleicher Art mehr gedient ist, als mit einer Geldsumme, weil er damit wenig oder gar nichts zu erwerben vermag, soll sich die-

---

[270] a.a.O. (Fn. 5), S. 17.
[271] s. oben VII. 2. a) Fn. 229. Aus der Fülle der Literatur zur Wirtschafts- und Sozialgeschichte sei hingewiesen auf: *H. Aubin / W. Zorn* (Hrsg.), Handbuch der deutschen Wirtschafts- und Sozialgeschichte, Bd. 1, Stuttgart 1971, S. 80 ff.; *Ernst Pitz*, Wirtschafts- und Sozialgeschichte Deutschlands im Mittelalter, Wiesbaden 1979; *Henri Pirenne*, Histoire économique et sociale du moyen âge, Paris 1963/1969, in deutscher Ausgabe: Sozial- und Wirtschaftsgeschichte Europas im Mittelalter, Universitäts-Taschenbücher Bd. 33; *Adolf Schaube*, Handelsgeschichte der romanischen Völker des Mittelmeergebiets bis zum Ende der Kreuzzüge, München / Berlin 1906; *Walter Taeuber*, Geld und Kredit im Mittelalter, Berlin 1933, Neudruck Frankfurt/M. 1968; *Alfons Dopsch*, Beiträge zur Sozial- und Wirtschaftsgeschichte, Gesammelte Aufsätze, 2. Reihe, hrsg. v. E. Patzelt, Wien 1938.
[272] Vgl. *Wolter*, a.a.O. (Fn. 74), S. 104 ff.; *Trusen*, a.a.O. (Fn. 51), S. 32 ff.

ses Prinzip eigentlich voll entfalten[273]. In sog. normalen Zeiten ist dagegen in der Praxis, so wird gesagt, das vom Gesetzgeber vorgesehene Regel-Ausnahme-Verhältnis längst umgekehrt: in den weitaus meisten Fällen werde der Schaden durch Geld ausgeglichen[274]. Diese Feststellung ist im Ergebnis vielleicht zutreffend, bedarf aber einiger differenzierender Klarstellungen:

— Der Gesetzgeber hat in §§ 249, 251 ein „Ausgleichsprogramm" (*Esser / E. Schmidt*)[275] erstellt, in dem der *Naturalherstellung* eindeutig der *Vorrang* zukommt[276]. Einer bloß dienenden Funktion zur Erleichterung der Schadensberechnung, wie bei *Friedrich Mommsen* anklingt, ist insoweit eine Absage erteilt[277]. Über das Verständnis der Väter des BGB hinaus sieht man dabei nicht den früheren Zustand als solchen, sondern einen *wirtschaftlich gleichwertigen Zustand*, ggfls. auch durch Leistung eines Äquivalents, insbesondere bei vertretbaren Sachen, als Ziel der Herstellung an[278].

— Damit haben das *Integritäts- oder Bestandsinteresse* und insoweit der *Rechtsfortsetzungs- oder Rechtsverfolgungsgedanke* eine besondere Anerkennung erfahren. Das mag man vielleicht in den Fällen materiellen Schadens als „natürlich" empfinden, da eine solche Lösung unter dem Gesichtspunkt des Eigentums- und Vermögensschutzes durchaus überzeugend ist. Daß aber die Restitutionspflicht sich auch auf das *immaterielle Integritätsinteresse* erstreckt, ist aus historischer Sicht keineswegs so selbstverständlich, wie wir es heute ansehen[279]. Die Ausdehnung des Schadensrechts auf den Ausgleich immaterieller Nachteile und Beeinträchtigungen im Wege der Restitution wird man als eine intellektuelle Leistung bezeichnen können, die durchaus in die Reihe juristischer Entdeckungen[280] einzuordnen ist.

— In § 249 S. 2 hat der Gesetzgeber dem Geschädigten eine *facultas alternativa* eingeräumt, die es ihm im Falle der Körperverletzung

---

[273] Vgl. *Karl Larenz*, Lehrbuch des Schuldrechts, I. Bd., Allg. Teil, 13. Aufl. 1982, § 28 I, S. 432.
[274] So insb. *Münchener Kommentar / Grunsky*, 2. Aufl. 1985, § 249 Rz. 1; vgl. auch *Esser / E. Schmidt*, a.a.O. (Fn. 268), S. 499.
[275] a.a.O. (Fn. 268), S. 495.
[276] *Hermann Lange*, Schadensersatz, 1979, § 5 I, S. 138; *H.-J. Mertens*, Der Begriff des Vermögensschadens im Bürgerlichen Recht, 1967, S. 168; *Larenz*, a.a.O. (Fn. 273), S. 431 ff.
[277] Vgl. *Schiemann*, a.a.O. (Fn. 262), S. 207 f.
[278] *Brigitte Keuk*, Vermögensschaden und Interesse, 1972, S. 192 f.; *Staudinger / Medicus*, 12. Aufl. 1983, § 249 Rz. 203; *Palandt / Heinrichs* (s. oben Fn. 86), § 249 Anm. 1 a.
[279] Vgl. z. B. *H. Lange*, a.a.O. (Fn. 276), S. 142 f.; *Münchener Kommentar / Grunsky* (Fn. 274), § 249 Rz. 2.
[280] Zu diesem Begriff s. *H. Dölle*, Juristische Entdeckungen. Festvortrag auf dem 42. DJT, Bd. II (Verhandlungen) 1957, B 1 ff.

IX. Schlußbetrachtung

oder der Sachbeschädigung ermöglicht, statt der Herstellung den dazu erforderlichen *Geldbetrag* zu verlangen. Diese Art von Geldersatz ist — darüber besteht Einigkeit[281] — von der *subsidiären Geldkompensation des § 251 Abs. 1* zu unterscheiden. Die letztere greift erst ein, wenn die Naturalrestitution „nicht möglich oder zur Entschädigung des Gläubigers nicht genügend ist". Der Geldersatz des § 249 S. 2 ist dadurch charakterisiert, daß er ebenso wie § 249 S. 1 das Herstellungsinteresse wahrt, während die Entschädigung nach § 251 Abs. 1 dem Wert- oder Summeninteresse dient[282]. Geldersatz ist also nicht gleich Geldersatz, vielmehr ist es von ganz entscheidender Bedeutung, auf welcher Berechnungsgrundlage er ermittelt wird. Der Geldersatz auf der Basis des § 249 S. 1 hat durch die Tatsache, daß der Anspruch auf die Herstellungskosten unabhängig von der Vornahme der Herstellung, ja bisweilen sogar losgelöst von der Möglichkeit der Herstellung zugebilligt wird[283], eine besondere Dynamik entwickelt. Man wird sich nicht der Einsicht A. *Zeuners* verschließen können, daß der Gedanke, der § 249 S. 2 zugrunde liegt, „nicht a limine nur auf die Gewährung eines rechtstechnischen Mittels zur Herstellung abzielt, dessen Rechtfertigung mit dieser steht und fällt, sondern von Anfang an auch Elemente einer besonderen Form der Schadensbemessung in sich birgt"[284].

Damit ist über das eigentliche Herstellungsprinzip hinausgewiesen. Mit Recht werden gegen eine allzu weite Ausdehnung des § 249 S. 2 rechtspolitische Bedenken erhoben, und es wird zutreffend mit Rücksicht auf die zugrunde liegende Restitutionsidee eine einschränkende Auslegung befürwortet[285]. Doch zeigt die Diskussion — und darauf soll es im Zusammenhang mit der hier vorgenommenen historischen Untersuchung allein ankommen —, daß das Prinzip der Naturalrestitution im deutschen Schadensrecht eine zentrale Rolle spielt. Die Väter des BGB haben an dieser grundsätzlichen Bewertung keinen Zweifel gelassen. Daß die Wurzeln in der theologisch-kanonistischen Tradition einerseits und dem naturrechtlichen Gedankengut andererseits liegen, darauf sollte dieser Beitrag in aller Bescheidenheit aufmerksam machen.

---

[281] *Staudinger / Medicus* (Fn. 278), § 249 Rz. 212; *Erman / Sirp*, Handkommentar zum BGB, 7. Aufl. 1981, § 249 Rz. 67.
[282] Vgl. *Staudinger / Medicus*, § 251 Rz. 3; *Alternativ-Kommentar / Rüßmann*, 1980, § 251 Rz. 1.
[283] Extreme Beispiele bei *Esser / E. Schmidt*, a.a.O. (Fn. 268), S. 500 f.; vgl. zur Problematik auch *H. Lange*, a.a.O. (Fn. 276), S. 148 ff.
[284] Gedanken zum Schadensproblem, in: Gedächtnisschrift für Rolf Dietz, 1973, S. 99 ff., 122. Vgl. auch *Schiemann*, a.a.O. (Fn. 262), S. 205 ff.
[285] So z. B. von *Staudinger / Medicus* (Fn. 278), § 249 Rz. 227 f., 229 ff.; *Esser / E. Schmidt*, a.a.O. (Fn. 268), S. 501 ff.

Printed by Libri Plureos GmbH
in Hamburg, Germany